KB265042

사회 개념어

저자 고영옥, 고정윤, 황수림, 황지연

어린이와 함께하며 가르치는 즐거움을 만끽하는 교사들로 대전광역시 초등학교에 재직 중이다. 1명의 수석교사와 3명의 초등학교 교사로 구성되어 있으며 14~20년의 경력을 가지고 있다. 2022 개정 교육과정 2학년 통합교과 교과서 집필에 참여했으며, 2022 개정 교육과정 선도교원, 교육부 수업·평가 지원단 활동 등을 통해 높은 교육과정 전문성을 쌓아왔다. 이와 더불어 올해의 수업 혁신 교사상 수상, 초등교실수업개선 실천사례 연구발표대회, 초등수업혁신사례연구대회에서 다수의 1등급 수상을 기록하며 수업에 대한 남다른 실력을 인정받고 있다. 그 외에도 EBS '미래교육 플러스(블렌디드 러닝 편)', 한국교육개발원(KEDI TV) '교육정책네트워크 교육정책 토론회', 대전시 교육청 '학부모 대상 초등 학생평가 이해' 특강 등 다양한 프로그램에 강사로 참여했다.

저서로는 『알고 싶고 파헤치고 싶은 고수의 수업 TIP』, 『수업, 나만의 시선갖기 성찰하는 교사』, 대전광역시 지역화 자료인 『대전의 생활』이 있다.

초등학생을 위한 거의 모든

사회 개념어

초판 1쇄 인쇄 2025년 4월 25일
초판 1쇄 발행 2025년 5월 7일

지은이 고영옥, 고정윤, 황수림, 황지연
발행인 박효상　**편집장** 김현　**기획·편집** 장경희, 오혜순, 이한경, 박지행
디자인 임정현　**마케팅** 이태호, 이전희　**관리** 김태옥
교정·교열 진행 김주은　**표지·내지 디자인** Moon-C design　**삽화** 정제인

종이 월드페이퍼　**인쇄·제본** 예림인쇄·바인딩　출판등록 제10-1835호
펴낸 곳 사람in　**주소** 04034 서울시 마포구 양화로11길 14-10(서교동) 3F
전화 02) 338-3555(代)　**팩스** 02) 338-3545
E-mail saramin@netsgo.com　**Website** www.saramin.com

책값은 뒤표지에 있습니다. 파본은 바꾸어 드립니다.

© 고영옥, 고정윤, 황수림, 황지연 2025

ISBN 979-11-7101-155-1 64370
　　　979-11-7101-153-7 (set)

우아한 지적만보, 기민한 실사구시 **사람in**

어린이제품안전특별법에 의한 제품표시	
제조자명 사람in	**전화번호** 02-338-3555
제조국명 대한민국	**주　소** 서울시 마포구 양화로
사용연령 5세 이상 어린이 제품	11길 14-10 3층

사 회 개 념 어

고영옥, 고정윤, 황수림, 황지연 지음

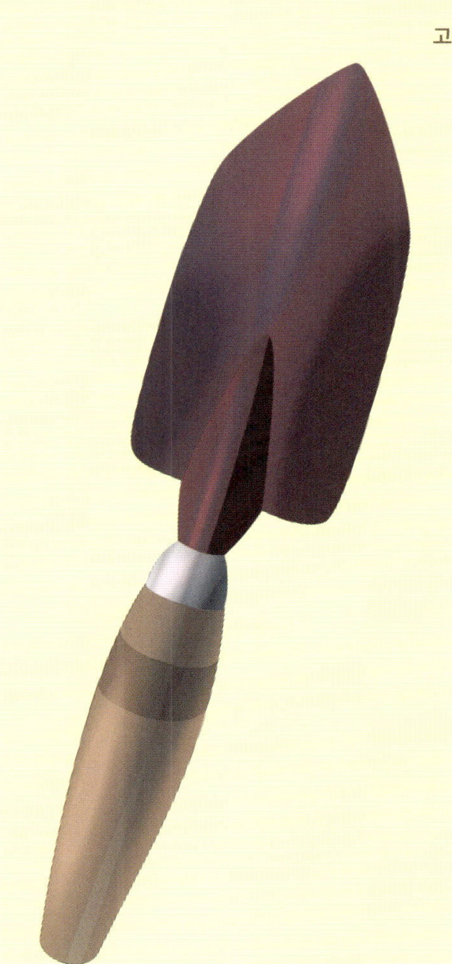

사람In
saram
in.com

머리말

아주 먼 옛날부터 사람들은 공동체를 이루며 살아왔어요. 여러 사람이 힘을 모으면 험난한 자연환경에서도 살아남을 수 있었죠. 또 서로의 마음을 나누고 지혜를 모으면 힘든 일도 이겨낼 수 있었어요. 이렇게 만들어진 공동체는 더 나은 내일을 만드는 밑거름이 되어 왔답니다. 사회 교과는 바로 이렇게 공동체를 이루며 살아온 사람들의 이야기를 담고 있어요. 여러분들은 사회 교과를 통해 세상이 어떻게 변화하고 움직이는지 배울 수 있고, 사람들이 그 안에서 어떻게 함께 살아가는지, 나와 세상이 어떻게 연결되어 있는지도 알게 될 거예요.

오늘날의 사회는 점점 더 복잡해지고 변화의 속도도 빨라지고 있어요. 하지만 걱정하지 마세요! 사회 교과를 통해 세상을 이해하는 눈을 갖게 된다면 복잡한 일상에서도 길을 잃지 않고 앞으로 나아갈 방향을 찾을 수 있으니까요.

이 책은 여러분이 우리가 사는 세상을 이해하는 데 꼭 알아야 할 사회 개념들을 쉽게 알려 주는 책이에요. 개념들은 지리, 정치, 사회문화, 경제로 나누어 설명되어 있어요. 지리에서는 땅과 그 위에 살아가는 사람들의 이야기를, 경제에서는 돈과 물건이 어떻게 흐르고 변화하는지를, 정치에서는 세상의 다양한 문제를 해결하는 방법을, 사회문화에서는 여러 사람들의 삶의 모습과 그 안에 담긴 특별한 이야기를 배울 수 있어요. 여러분이 살아 있는 사회와 만날 수 있도록 다양한 이야기와 예시들을 이 책에 담았어요. 쉽게 풀어 쓴 개념, 꼬리에 꼬리를 무는 궁금증과 답변을 읽으며 사회 교과서 속 개념들을 더욱 쉽게 이해할 수 있을 거예요.

이 책에서 배운 개념들을 내 주변에서 일어나는 일들과 연결 지어 보세요. 그리고 공부한 내용을 여러분만의 방식으로 설명해 보세요. 책 속에 있는 사회 개념들과 나의 삶을 연결하는 것은 흥미롭고 뜻깊은 일이 될 거예요. 이 과정을 통해 여러분은 사회를 이해하고, 공동체에 도움이 되는 문제 해결 능력을 키울 수 있어요.

이 책의 첫 장을 넘기는 여러분을 응원합니다. 여러분은 놀라운 학습자이자 미래의 주인공이에요. 이제 더 나은 미래를 상상하며 이 책과 함께 즐거운 세상 탐험을 떠나볼까요?

고영옥, 고정윤, 황수림, 황지연

이 책의 구성

♠ 지리, 정치, 사회문화, 경제 - 영역별 개념어 알기

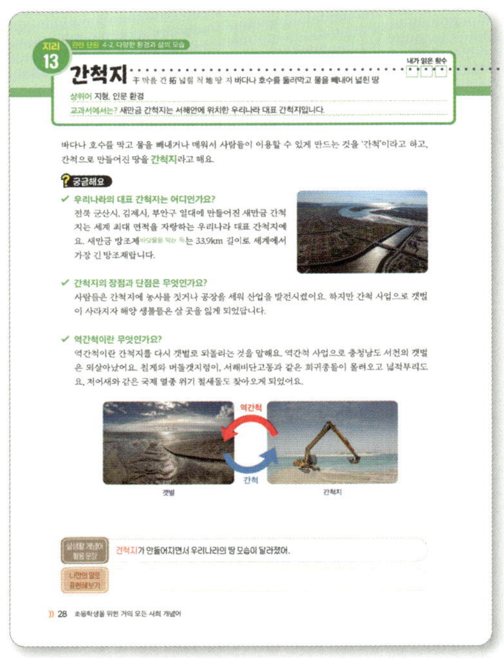

개념어 제시

각 영역에서 꼭 알아야 할 핵심 개념어를 제시합니다.

- 한자어 풀이가 필요한 경우 한자 뜻풀이를 해 줍니다.
- 비교 단어나 뒤에서 구체적으로 설명할 하위어, 또는 비슷한 말을 제시해 줍니다.
- 교과서에서는 해당 개념어가 어떻게 나오는지 간단히 소개합니다.

관련 단원 소개

해당 개념어가 초등 사회 교과서의 어느 단원과 관련되었는지 알려 줍니다. 학년과 학기를 표시해 교과서를 보며 모르는 개념이 나올 때 쉽게 찾을 수 있게 해 줍니다.

궁금해요

해당 개념어에 관해서 학생들이 꼭 알아 둬야 할 내용들을 질문과 답의 형식으로 설명해 줍니다.

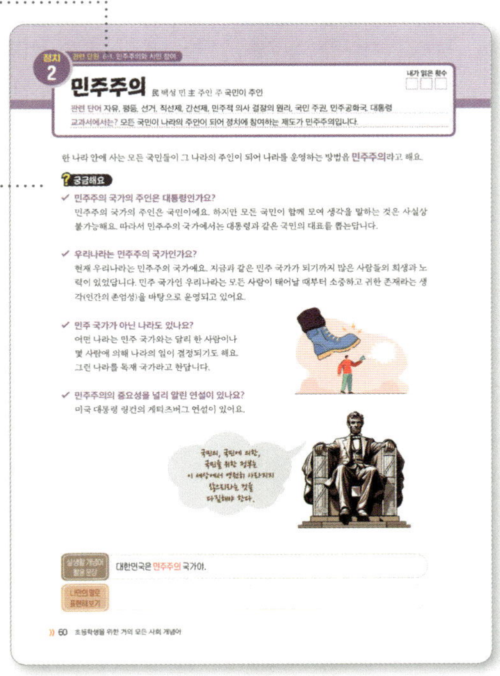

『초등학생을 위한 거의 모든 사회 개념어』를 통해 사회 교과서에 나오는 여러 개념어를 잘 이해해 수업에서 재미를 찾고 학업 성취도도 올려 보세요. 재미있는 수업은 사회 과목에 관한 호기심을 키우는 큰 힘이 됩니다.

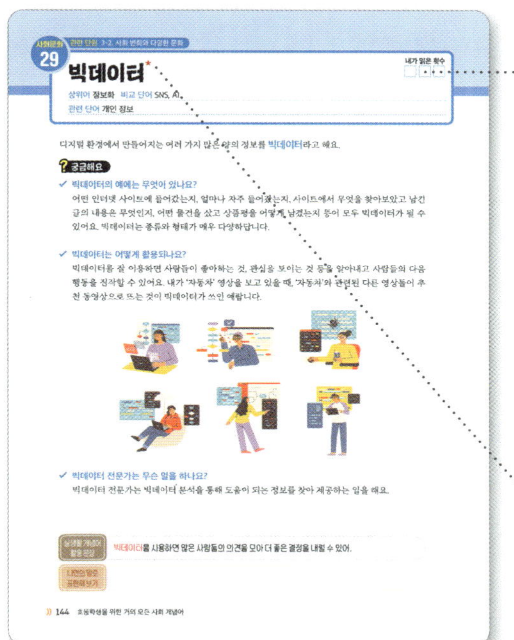

개념어 이해 셀프 체크

해당 개념어를 한 번 읽고 넘어가는 것이 아니라 학습자 본인이 모를 때마다 찾아 읽어 본 후 그 횟수를 표시하게 합니다. 학습자가 자주 잊거나 헷갈리는 개념어가 무엇인지 스스로 확인해 더 꼼꼼히 학습하도록 합니다.

교과서에 등장하지는 않지만 학습 과정에서 꼭 알아야 하는 개념은 따로 표시하고 설명합니다.

개념어 셀프 정리

- 해당 개념어가 교과서 외 실생활에서 활용되는 경우를 한 문장을 통해 파악하게 합니다.
- 학습자가 개념어를 제대로 이해했는지 스스로의 말로 설명해 보게 합니다.

차 례

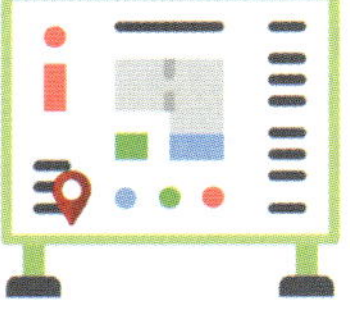

경 제

지
리

초등학생을 위한 거의 모든 사회 개념어

지리와 위치

하위어 방위, 방위표

교과서에서는? 바라보는 방향에 따라 위치에 대한 설명은 달라집니다.

사람들이 살아가는 장소와 생활 모습에 관한 모든 것을 **지리**라고 하고, 물건이나 사람·장소가 어디에 있는지 알려 주는 것을 **위치**라고 해요.

? 궁금해요

✔ **지리를 알면 좋은 점이 무엇인가요?**

세계 여러 나라의 모습과 그곳에서 서로 다른 방식으로 살아가는 사람들의 모습을 알 수 있어요. 우리가 사는 지구의 소중함을 깨닫고 지구 환경에도 관심을 가지게 된답니다.

✔ **지리학자는 무슨 일을 하나요?**

산, 강, 바다와 같은 자연의 모습과 사람들이 어떻게 살아가는지 연구해요. 지도를 만들거나 기후 변화를 연구하는 것도 지리학자의 중요한 일이에요.

✔ **바라보는 방향에 따라 위치는 달라지나요?**

바라보는 방향에 따라 위치는 달라질 수 있어요. 예를 들어 친구가 내 앞에 있을 때, 친구의 위치는 내 '앞쪽'이 되지요. 하지만 내가 돌아서면 친구의 위치는 내 '뒤쪽'으로 변하게 된답니다.

실생활 개념어 활용 문장 지도를 살펴보면 우리 학교의 **지리적 위치**를 확인할 수 있어.

나만의 말로 표현해보기

지리 2

지도

내가 읽은 횟수

하위어 일반도, 주제도   관련 단어 지구본, 세계지도

교과서에서는? 지도에는 우리가 살고 있는 땅의 모습과 특징이 나타나 있습니다.

'땅을 그린 그림'이라는 뜻으로, 땅 위의 여러 가지 것들을 일정하게 줄여서 그림이나 기호로 나타낸 것을 **지도**라고 해요.

? 궁금해요

✓ 지도는 누가 만드나요?

대한민국 지도는 국토교통부 국토지리정보원 ngii.go.kr에서 만들어요. 그 외에도 다양한 회사에서 만들지만 국토지리정보원의 승인을 받아야 지도 서비스를 사람들에게 제공할 수 있어요.

✓ 다양한 지도를 찾아볼까요?

놀이공원 안내도

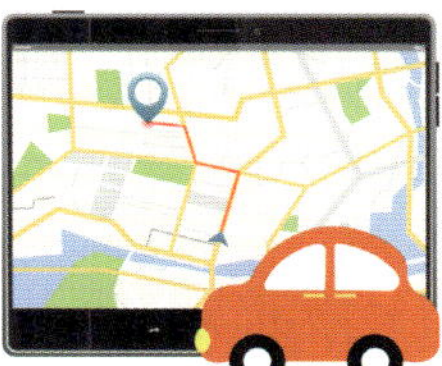

길 도우미(내비게이션)

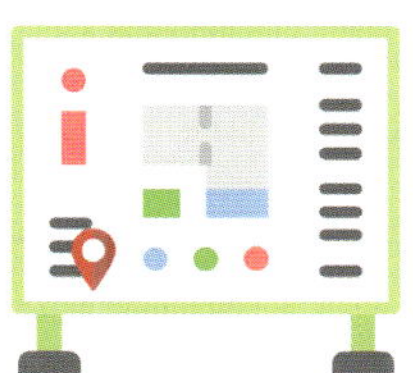

쇼핑몰 안내도

✓ 지도의 역사를 알아볼까요?

지도의 역사는 오래전부터 시작되었어요. 고대 바빌로니아와 이집트에서는 강과 도시를 벽돌이나 파피루스에 그려 나타냈어요. 15세기에서 17세기 사이, 유럽에서는 많은 탐험가들의 항해가 시작되고 새로운 대륙들이 발견되었죠. 나침반과 같은 도구가 발명되고 인쇄술이 발달하면서 많은 세계지도가 만들어졌어요. 18세기와 19세기에 측량 기술이 발달하면서 지도는 더 정확해졌어요. 오늘날에는 디지털 기술 덕분에 스마트 기기를 통해 실시간으로 지도를 확인할 수 있어요. 3D 지도나 가상 현실(VR) 지도를 통해 마치 그 장소에 있는 것 같은 기분을 느낄 수도 있답니다.

✓ 맵티즌이라는 말을 들어 보았나요?

맵티즌(Maptizen)이란, 지도를 뜻하는 맵(Map)과 누리꾼(Netizen)을 더한 말이에요. 맵티즌은 종이 지도가 아닌 디지털 지도 위에 내가 원하는 정보를 기록하고 공유해요. 지도를 좀 더 다양하고 적극적으로 활용한답니다.

실생활 개념어 활용 문장 | 내가 여행을 가고 싶은 나라들을 세계지도에서 찾아 표시해 두었어.

나만의 말로 표현해보기

일반도

상위어 지도　**비교 단어** 주제도

교과서에서는? 일반적인 자연환경과 인문 환경을 종합적으로 나타낸 지도를 일반도라고 합니다.

많은 사람이 여러 가지 목적으로 사용할 수 있도록 그린 지도를 **일반도**라고 해요.

? 궁금해요

✓ 일반도의 종류에는 무엇이 있나요?

일반도는 지형땅이 생긴 모양과 사물의 위치 등을 알려 줘요. 우리나라 지도, 세계지도, 산과 강·바다와 같은 땅의 모습을 그린 지형도가 대표적인 일반도랍니다.

✓ 일반도는 언제 사용하나요?

일반도는 길을 찾거나 주변을 알아볼 때 사용해요. 예를 들어 학교에서 집까지 가는 길을 알아보거나 주변에 있는 마트나 놀이터를 찾을 때 사용할 수 있어요. 일반도는 우리가 필요한 장소를 쉽게 찾고, 주변의 특징을 이해하는 데 도움을 줘요.

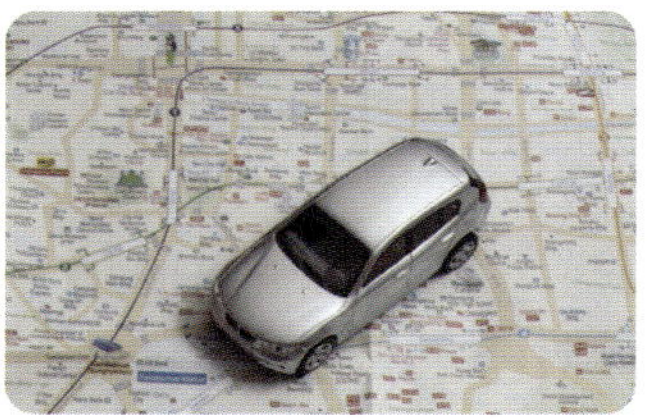

✓ 일반도를 잘 읽으려면 무엇을 알아야 하나요?

일반도를 더 쉽고 정확하게 파악하려면 몇 가지 약속을 알아야 해요. 일반도에는 약속된 기호와 색상이 있어요. 예를 들어 ▲는 '산'을, 파란 선은 '강'이나 '하천'을 의미하지요. 이 밖에도 방향을 알기 위한 방위표동서남북을 기준으로 위치를 나타내는 표지, 거리를 알기 위한 축척지도에서의 거리와 실제 거리와의 비율 등을 알아야 해요.

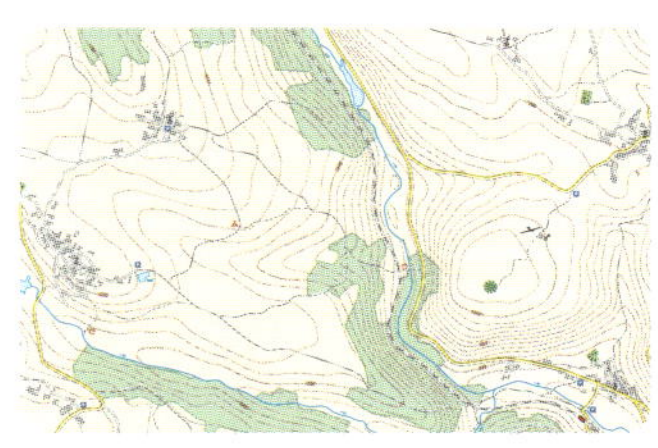

실생활 개념어 활용 문장　**일반도**인 우리나라 지도를 보면 우리나라의 크고 작은 섬들을 확인할 수 있어.

나만의 말로 표현해보기

지리 4

주제도

상위어 지도　**비교 단어** 일반도

교과서에서는? 기후, 관광, 인구 분포 등 특정 주제를 나타낸 지도를 주제도라고 합니다.

내가 읽은 횟수 ☐ ☐ ☐

원하는 목적에 맞게 특별한 주제를 중심으로 그린 지도를 **주제도**라고 해요.

❓ 궁금해요

✔ 주제도의 종류에는 무엇이 있나요?

지하철 노선도·버스 노선도와 같은 교통 지도, 관광지를 소개한 관광 안내도, 등산 안내도 등 목적에 따라 다양한 종류의 주제도가 있어요. 지진, 화산, 병원, 쇼핑몰 등이 어느 지역에 얼마나 많이 자리 잡고 있는지 알려 주는 분포도 역시 주제도랍니다.

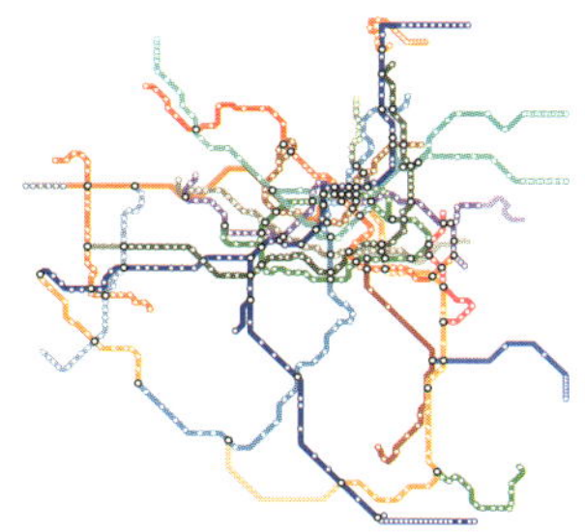

✔ 주제도는 언제 사용하나요?

주제도는 특정한 정보를 찾기 위해 사용해요. 여행을 할 때 관광 안내도를 사용하면 관광 명소, 숙소 등 여행에 필요한 정보를 쉽고 빠르게 확인할 수 있어요. 이밖에 기후도나 인구도와 같은 주제도는 과학적인 분석이나 연구를 위한 목적으로 사용되기도 해요.

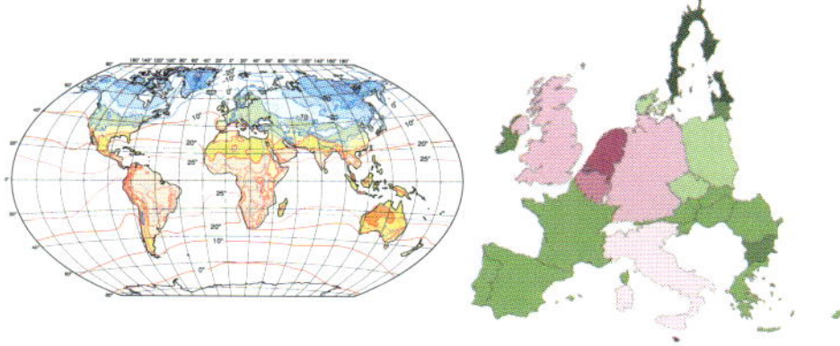

✔ 디지털 지도는 일반도인가요? 주제도인가요?

디지털 지도는 땅의 모습뿐만 아니라 다양한 정보를 담고 있어요. 산, 강, 도로, 건물 등 자연환경과 인문 환경을 두루 담고 있다면 일반도라고 할 수 있어요. 디지털 지도에 맛집과 손님들의 만족도 점수 등의 다양한 정보가 나타나 있다면 주제도가 될 수도 있답니다.

실생활 개념어 활용 문장	**주제도**에서 제주도의 관광지, 맛집 등 자세한 정보를 얻었어.
나만의 말로 표현해보기	

방위와 방위표

상위어 위치, 지도

교과서에서는? 방위는 방향의 위치를 뜻하며, 방위표를 보면 동서남북의 방향을 알 수 있습니다.

동서남북과 같이 지도에서 위치를 나타내는 것을 **방위**, 방위를 나타내는 표를 **방위표**라고 해요.

❓ 궁금해요

✓ 방향과 방위의 차이점은 무엇인가요?

방향은 앞, 뒤, 왼쪽, 오른쪽처럼 어디를 향하고 있는지를 말해요. 방위는 나침반으로 찾는 동·서·남·북을 말한답니다. 방향은 일상생활에서 자주 쓰고, 방위는 지도나 나침반을 볼 때 주로 사용해요.

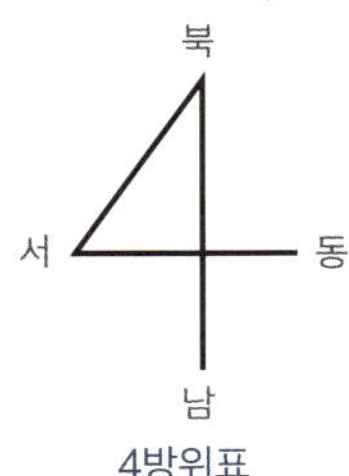

4방위표

✓ 방위표는 동·서·남·북 4개의 방위만 있나요?

많이 사용하는 방위표는 동·서·남·북을 가리키는 4방위예요. 동서남북과 북동, 북서, 남동, 남서를 가리키는 8방위도 자주 사용해요. 이밖에 16방위, 32방위도 있답니다.

8방위표

✓ 지도에 방위표가 없을 때는 어떻게 방위를 알 수 있나요?

지도에 방위표가 없다면 지도의 위쪽이 북쪽, 아래쪽이 남쪽이에요.

✓ 나침반이 없어도 방위를 알 수 있나요?

북극성을 이용해요

북극성은 북두칠성(국자 모양)과 카시오페이아(W 모양) 별자리 사이에 위치한 밝은 별이에요. 북극성이 위치한 곳이 북쪽, 등 뒤쪽이 남쪽, 오른쪽이 동쪽, 왼쪽이 서쪽이 된답니다.

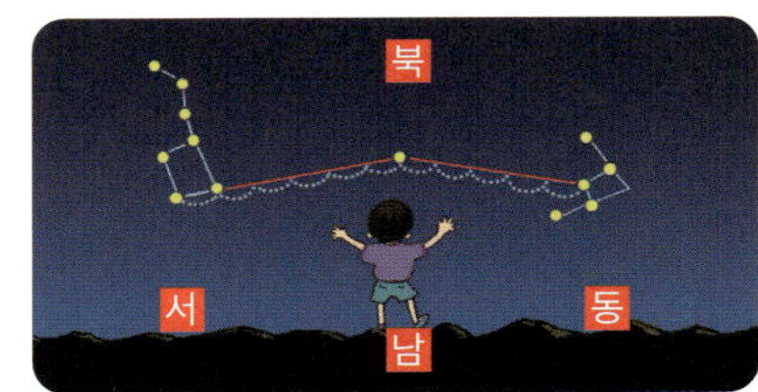

그림자를 이용해요

햇빛만 있다면 막대기의 그림자를 이용하여 방위를 알 수 있어요. 아침에 태양이 동쪽에서 떠오르면 막대기의 그림자는 서쪽에 만들어져요. 저녁에 태양이 서쪽으로 지면 막대기의 그림자는 동쪽에 만들어지죠.

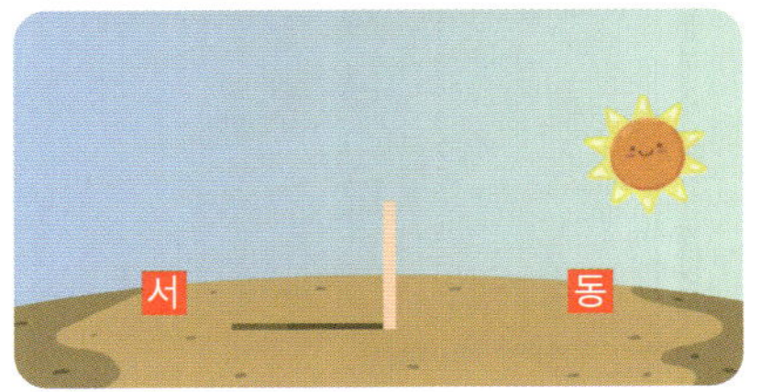

실생활 개념어 활용 문장
방위를 확인하려면 방위표를 먼저 확인해야 해.

나만의 말로 표현해보기

지리 6

축척

상위어 지도

교과서에서는? 축척을 알면 지도상 두 지점 간의 거리를 재어 실제 거리를 구할 수 있습니다.

실제 거리를 지도에 아주 작게 줄여 나타낸 정도를 **축척**이라고 해요.

❓ 궁금해요

✓ 축척의 종류에는 무엇이 있나요?

축척은 넓은 지역을 간단하게 나타낸 소축척, 좁은 지역을 자세하게 나타낸 대축척으로 구분할 수 있어요. 세계지도나 우리나라 지도는 넓은 지역을 작은 그림으로 나타낸 소축척 지도가 된답니다. 반대로 건물이나 도로를 자세히 볼 수 있는 마을 지도는 좁은 지역을 큰 그림으로 자세하게 나타낸 대축척 지도가 되지요.

소축척 지도

대축척 지도

✓ 축척은 어떻게 나타내나요?

축척은 숫자 또는 그림을 이용하여 나타낼 수 있어요.

$$1:50,000 \ , \ \frac{1}{50,000}$$

숫자로 나타내요.

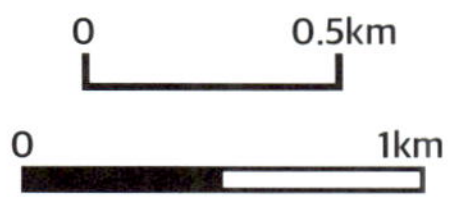

막대자로 나타내요.

✓ 지도의 축척을 보고 실제 거리를 계산할 수 있나요?

1:50,000은 실제 거리 50,000cm를 지도에 1cm로 줄여 나타냈다는 뜻이에요. 지도 위 두 지점의 거리가 2cm라면 실제 거리는 0.5km(50,000cm)의 2배인 1km(100,000cm)가 되는 것이랍니다.

실생활 개념어 활용 문장 | 인터넷 지도를 축소하거나 확대할 때마다 축척이 달라지는 것을 알 수 있어.

나만의 말로 표현해보기

지리
7

기호와 범례

상위어 지도

교과서에서는? 지도에 쓰인 기호와 그 뜻은 범례로 나타냅니다.

산, 도로, 학교와 같이 땅 위의 여러 가지 것들을 지도에 나타내기 위해 약속한 작은 그림이나 모양을 **기호**라고 해요. 지도에 사용된 기호의 뜻을 알려 주는 설명을 **범례**라고 하죠.

? 궁금해요

✓ 지도의 기호는 나라마다 같을까요?

지도의 기호는 대부분 나라에서 비슷하지만 완전히 똑같지는 않아요. 길, 강, 산과 같은 대표 지형을 나타내는 기호는 공통된 표준 기호를 사용해요. 하지만 각 나라의 풍습과 문화에 따라 서로 다른 기호를 사용하기도 한답니다.

✓ 지도의 기호는 누가 어떻게 만드나요?

지도에 사용되는 기호는 지리학자나 지도 제작자가 만들어요. 실제 모습을 본뜨거나 사람들이 쉽게 이해할 수 있도록 간단한 모양으로 만든답니다. 예를 들어 학교 기호는 학교 건물 맨 위에 태극기를 걸어 둔 모양을 나타내기 위해 깃발 표시가 있어요.

✓ 범례가 필요한 까닭은 무엇인가요?

지도마다 사용하는 기호가 다를 수 있고, 모든 기호를 다 기억하기 어렵기 때문이에요.

✓ 실제 모습을 생각하며 기호의 특징을 살펴볼까요?

검은색은 사람이 만든 것을 표현해요.

빨간색은 빛과 관련된 것, 관광지, 도로 및 해로 등을 표현해요.

파란색은 물과 관련된 것을 표현해요. 항공로도 파란색을 써요.

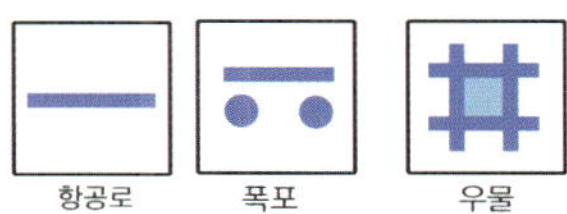

갈색은 땅과 관련된 것을 표현해요. 높이가 높아질수록 짙은 갈색을 쓰고, 낮은 곳은 색이 옅어 노란색으로 표현해요.

녹색은 밭과 같은 들판이나 녹지대, 공원 등을 표현해요.

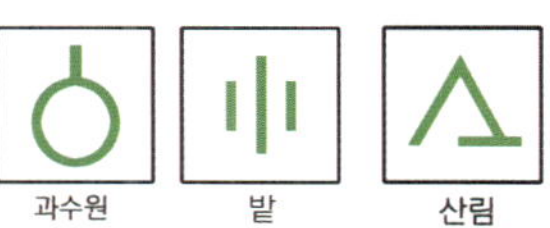

지도에서 잘 모르는 기호가 있다면 범례를 확인해.

지리 8

등고선

상위어 지도 관련 단어 지형

교과서에서는? 지도에서 땅의 높낮이를 나타낼 때는 주로 등고선을 이용합니다.

바닷물의 겉면을 기준으로 땅의 높이가 같은 곳을 연결해 놓은 선을 **등고선**이라고 해요.

? 궁금해요

✔ **바닷물의 겉면은 계속 출렁이는데 기준을 어떻게 정하나요?**

인천 앞바다에서 측정한 밀물바닷물이 올라감과 썰물바닷물이 내려감의 평균 높이를 기준으로 정해요. 우리나라 땅의 높이를 재는 기준이 되는 점을 '대한민국수준원점'이라고 해요.

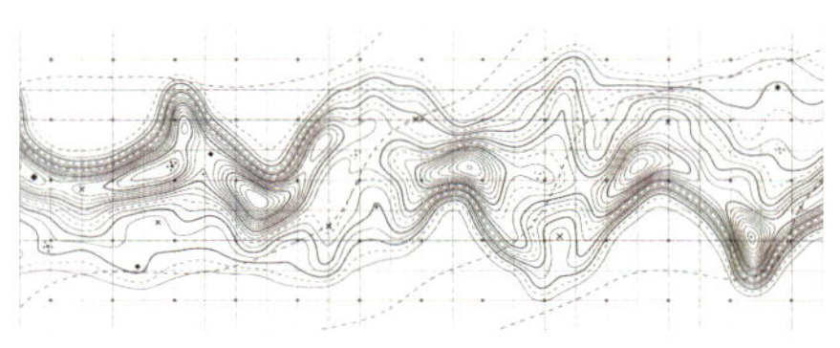

✔ **등고선의 특징은 무엇인가요?**

등고선 위에 놓인 점들은 모두 땅의 높이가 같아요. 따라서 등고선은 서로 만나거나 끊어지지 않죠. 그래서 등고선을 따라 계속 걷다 보면 처음 자리로 돌아올 수 있어요.

✔ **등고선을 보고 실제 땅의 모습을 알 수 있나요?**

등고선을 보고 땅의 모습을 알 수 있어요. 등고선의 간격이 넓은 지역은 경사가 완만해요. 반대로 등고선의 간격이 좁은 지역은 경사가 급하답니다.

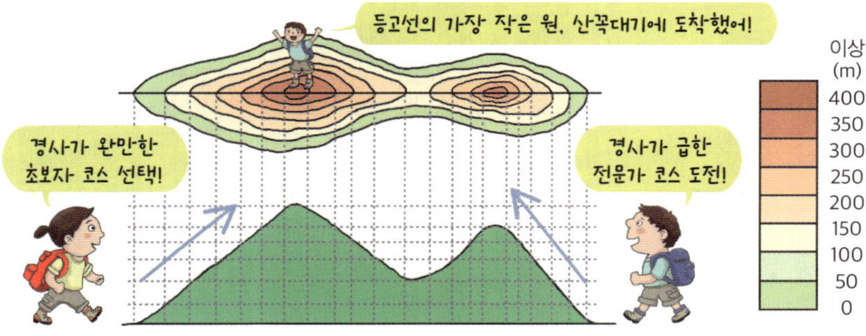

✔ **등고선의 색깔은 어떻게 정하나요?**

땅의 높이가 높아질수록 '초록색-노란색-갈색-고동색' 순으로 점점 색깔이 진해져요.

실생활 개념어 활용 문장	등고선을 보고 평탄한 곳을 찾아 캠핑을 위한 텐트를 설치해.
나만의 말로 표현해보기	

행정구역

관련 단어 도시, 촌락　**하위어** 주소

교과서에서는? 우리나라의 행정구역은 특별시, 광역시, 특별자치시(도), 특별자치도로 이루어져 있습니다.

나라를 잘 관리하기 위해 땅을 작게 나누어 놓은 지역을 **행정구역**이라고 해요.

❓ 궁금해요

✔ 행정구역을 나누는 까닭은 무엇인가요?

학교에서도 학생 수가 많은 경우, 학급을 나누면 담임 선생님이 학생들을 더 잘 돌볼 수 있어요. 이처럼 행정구역을 나누면 각 지역을 더 잘 관리할 수 있답니다. 각 지역의 특징을 살리고 그곳에 사는 사람들에게 필요한 서비스를 제공할 수 있기 때문이에요.

✔ 우리나라의 행정구역은 어떻게 구분되나요?

대한민국은 1개의 특별시, 6개의 광역시, 1개의 특별자치시, 6개의 도, 3개의 특별자치도로 구분해요.

구분	지역
특별시(1)	서울특별시
광역시(6)	부산광역시 인천광역시 대구광역시 대전광역시 광주광역시 울산광역시
특별자치시(1)	세종특별자치시
도(6)	경기도 충청북도 충청남도 전라남도 경상북도 경상남도
특별자치도(3)	강원특별자치도 전북특별자치도 제주특별자치도

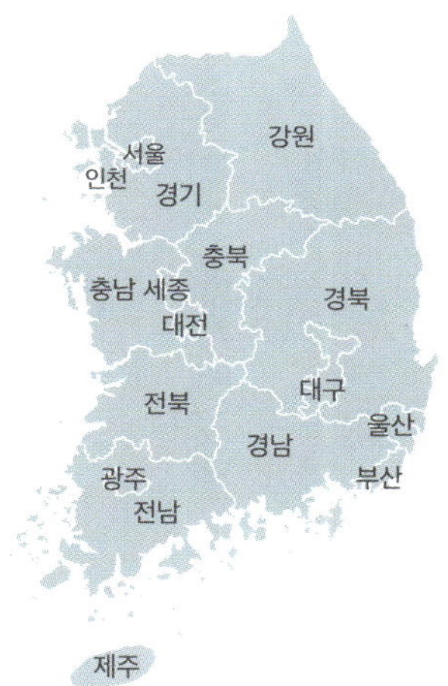

✔ 특별자치시(도)는 무엇인가요?

특별자치시(도)는 다른 시(도)와 비교하여 스스로 결정을 내릴 수 있는 특별한 힘을 가지고 있어요. 우리는 이와 같은 힘을 '자치권'이라고 말해요. 우리나라의 특별자치시는 세종시가 있어요. 세종시는 많은 정부 기관이 모여 있는 곳으로 계획되었어요. 또 다른 이름은 '행정중심복합도시'랍니다. 세종시는 교육, 교통, 도시 계획과 같은 일을 더 자유롭게 정할 수 있어요. 제주도는 특별자치도 중 하나예요. 자연환경과 관광지로 유명하죠. 관광과 환경 보호에 관한 법을 만들거나 관광 산업을 성장시키는 방법을 더 자유롭게 정할 수 있어요.

실생활 개념어 활용 문장　지역마다 전화번호, 우편 번호가 다른 까닭은 **행정구역**이 다르기 때문이야.

나만의 말로 표현해보기

주소　住 살 주 所 바 소 사는 곳

상위어 행정구역

사람이 살고 있거나 회사나 건물 등이 위치한 곳을 행정구역으로 나타낸 것을 **주소**라고 해요.

？ 궁금해요

✓ 우리나라가 사용하는 주소는 무엇인가요?

2014년 1월 1일부터 우리나라는 도로명(이름) 주소를 사용하고 있어요. 도로명 주소는 '(도)/시/구명＋도로명＋건물번호'로 이루어져 있어요.

✓ 도로명과 건물번호는 어떻게 만드나요?

도로명은 도로의 이름 뒤에 대로(8차선 이상 큰 도로), 로(2~7차선의 중간 도로), 길('로'보다 좁은 도로)을 붙여 만들어요. 건물번호는 도로시작점에서 왼쪽은 홀수, 오른쪽은 짝수를 붙여 나타내요.

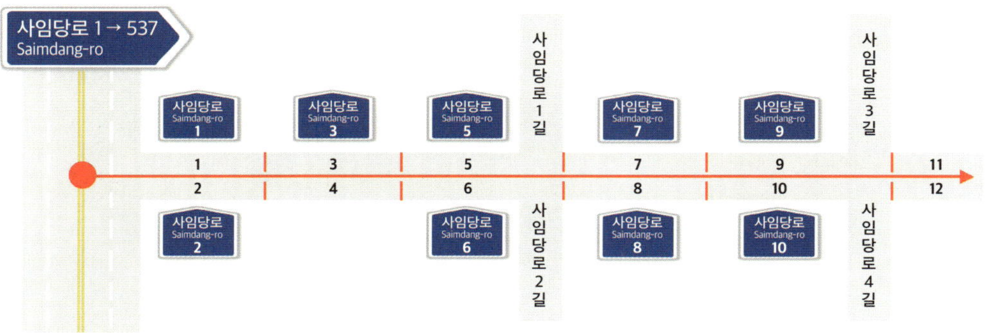

✓ 특별하거나 재미있는 도로명이 있나요?

재미있는 도로명	순우리말 도로명	우리나라 끝 도로명
콩쥐팥쥐로	미리내로	백령도 두무진로
멀미길	모꼬지로	독도 독도이사부길
고기로	에움길	가거도 가거도길
천하장사로	해오름로	마라도 마라로

실생활 개념어 활용 문장　도로명 주소 누리집(juso.go.kr)에 가면 주소와 관련된 다양한 정보를 알 수 있구나.

나만의 말로 표현해보기

지리 11

자연환경과 인문 환경

상위어 환경   **관련 단어** 도시, 촌락

교과서에서는? 각 지역의 자연환경과 인문 환경은 차이가 있습니다.

우리를 둘러싸고 우리에게 영향을 주는 것을 환경이라고 해요. 산·강·바다와 같이 사람이 만들지 않은 있는 모습 그대로의 환경을 **자연환경**이라고 하고, 반대로 집·도로·다리와 같이 사람이 만든 환경을 **인문 환경**이라고 해요.

자연환경

인문 환경

❓ 궁금해요

✔ 자연환경에는 무엇이 있나요?

산, 들, 하천, 바다와 같은 땅의 모습은 눈에 보이는 자연환경이에요. 비, 눈, 바람과 같이 날씨와 관련된 눈에 보이지 않는 자연환경도 있답니다.

✔ 논과 밭, 저수지와 댐은 자연환경인가요?

논과 밭, 저수지와 댐은 자연환경을 이용해 사람들이 만든 인문 환경이에요. 사람들은 들을 개발하여 논과 밭을 만들었어요. 물을 저장하는 저수지, 물의 흐름을 조절하는 댐도 모두 사람이 만든 인문 환경이에요.

✔ 자연 보호 구역, 개발 제한 구역은 무엇인가요?

자연 보호 구역은 동물, 식물, 광물 다이아몬드처럼 암석을 이루고 있는 알갱이 등 보호할 가치가 있는 것을 지키기 위해 국가가 지정한 지역을 말해요. 개발 제한 구역은 도시가 더 이상 커지지 못하도록 개발 건물을 짓거나 도로를 만드는 등을 제한하는 지역을 말한답니다.

실생활 개념어 활용 문장	나는 인문 환경이 발달한 곳에 살고 있고, 할머니는 자연환경이 아름다운 곳에 살고 계셔.
나만의 말로 표현해보기	

지리 12

습지

濕 젖을 습 地 땅 지 습기가 많은 축축한 땅

상위어 지형, 자연환경

교과서에서는? 습지는 다양한 해양 생물이 살아가는 중요한 서식지입니다.

일정 기간 이상 얕은 물로 덮여 축축하게 젖어 있는 땅을 **습지**라고 해요.

? 궁금해요

✔ 습지의 종류에는 무엇이 있나요?

습지에는 육지 또는 섬 안에 있는 '내륙 습지'와 밀물과 썰물이 드나드는 '연안 습지'가 있어요.

✔ 습지가 중요한 까닭은 무엇인가요?

습지는 '자연의 콩팥'이라는 별명을 가지고 있어요. 혈액에 쌓인 노폐물을 콩팥이 걸러 주듯 물속의 오염 물질을 깨끗하게 만드는 역할을 하기 때문이에요. 지구 표면의 약 6%를 차지하는 습지는 이 밖에도 다양한 일을 한답니다.

많은 식물이 자라는 습지는 지구 온난화를 예방해요.

해양 생물에게 습지는 알을 낳고 살아가는 터전이에요.

물을 저장하는 습지는 홍수를 예방하는 자연 댐이에요.

수산 자원이 풍부한 습지는 바닷가 사람들의 일터예요.

NOTES

✔ 갯벌은 습지인가요?

갯벌은 밀물과 썰물로 인해 바닷물이 드나들며 만들어진 평평한 땅을 말해요. 갯벌은 연안 습지에 해당하는 대표적인 습지라고 할 수 있어요.

✔ 세계 5대 갯벌은 어디인가요?

세계 5대 갯벌은 우리나라 서해안 갯벌, 북해(와덴해)연안 갯벌(네덜란드와 독일, 덴마크 해안에 걸쳐 발달), 캐나다 동부연안 갯벌, 아마존 유역연안 갯벌, 미국 동부 조지아연안 갯벌을 말해요.

✔ 한국의 갯벌이 세계유산(자연유산)이라고요?

우리나라의 보성-순천갯벌, 신안갯벌, 고창갯벌, 서천갯벌은 유네스코가 지정한 세계유산(자연유산)이랍니다. 인류가 함께 보호해야 할 가치가 있다고 인정되어 2021년, 유네스코 세계유산 목록에 등록되었답니다.

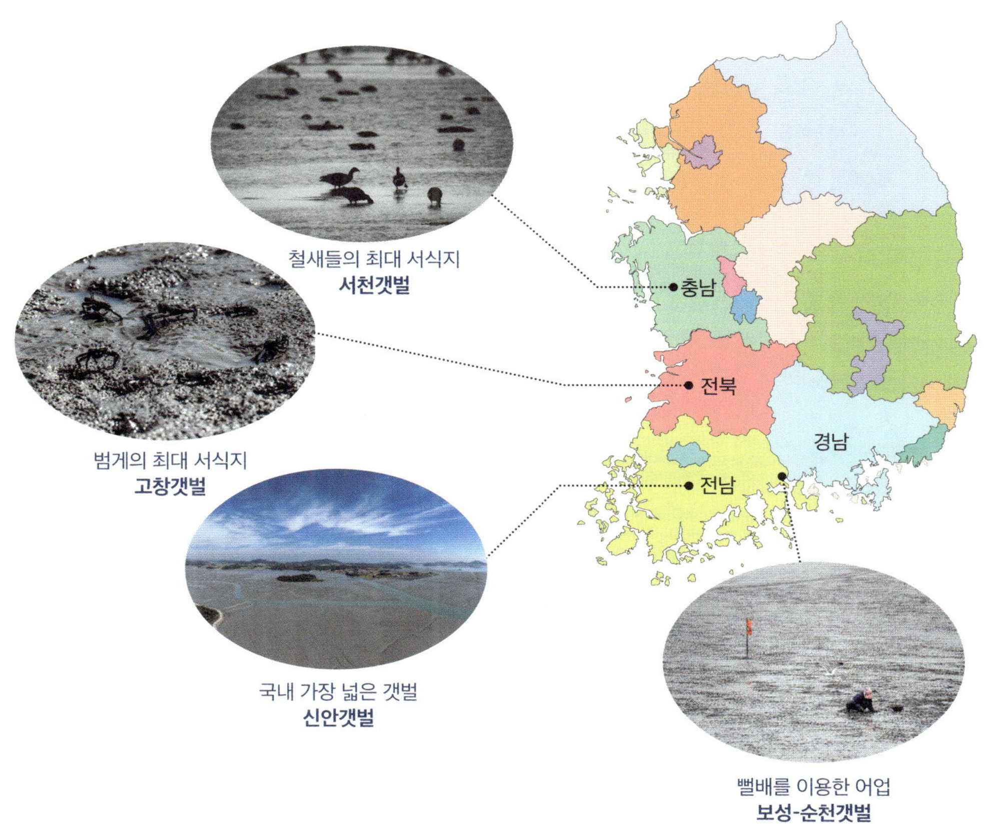

| 실생활 개념어 활용 문장 | 비가 많이 내린 날에는 습지가 작은 연못처럼 변하기도 해. |

| 나만의 말로 표현해보기 | |

내가 읽은 횟수

간척지

干 막을 간 拓 넓힐 척 地 땅 지 바다나 호수를 둘러막고 물을 빼내어 넓힌 땅

상위어 지형, 인문 환경

교과서에서는? 새만금 간척지는 서해안에 위치한 우리나라 대표 간척지입니다.

바다나 호수를 막고 물을 빼내거나 메워서 사람들이 이용할 수 있게 만드는 것을 '간척'이라고 하고, 간척으로 만들어진 땅을 **간척지**라고 해요.

❓ 궁금해요

✔ 우리나라의 대표 간척지는 어디인가요?

전북 군산시, 김제시, 부안군 일대에 만들어진 새만금 간척지는 세계 최대 면적을 자랑하는 우리나라 대표 간척지예요. 새만금 방조제 바닷물을 막는 둑 는 33.9km 길이로 세계에서 가장 긴 방조제랍니다.

✔ 간척지의 장점과 단점은 무엇인가요?

사람들은 간척지에 농사를 짓거나 공장을 세워 산업을 발전시켰어요. 하지만 간척 사업으로 갯벌이 사라지자 해양 생물들은 살 곳을 잃게 되었답니다.

✔ 역간척이란 무엇인가요?

역간척이란 간척지를 다시 갯벌로 되돌리는 것을 말해요. 역간척 사업으로 충청남도 서천의 갯벌은 되살아났어요. 칠게와 버들갯지렁이, 서해비단고둥과 같은 희귀종들이 몰려오고 넓적부리도요, 저어새와 같은 국제 멸종 위기 철새들도 찾아오게 되었어요.

갯벌   간척지

실생활 개념어 활용 문장 — 간척지가 만들어지면서 우리나라의 땅 모습이 달라졌어.

나만의 말로 표현해보기

염전과 양식장

鹽 소금 염 田 밭 전 소금 밭

상위어 인문 환경　**관련 단어** 촌락, 어촌

교과서에서는? 바다가 있는 고장에서는 염전과 양식장을 찾아볼 수 있습니다.

바닷물을 햇빛에 증발시켜 소금을 만드는 곳을 **염전**이라고 해요. '소금밭'이라는 뜻으로 논처럼 만든 곳이에요. 바다나 강에서 물고기나 조개 같은 해산물을 기르는 곳을 **양식장** 養殖場 기를 양, 불릴 식, 마당 장이라고 해요.

❓ 궁금해요

✔ 염전에서 소금은 어떻게 만드나요?

먼저 바닷물을 저수지에 저장한 뒤, 태양열과 바람으로 바닷물을 증발시켜요. 이렇게 만들어진 소금 결정이 바로 하늘과 해가 만든 소금이라는 의미의 천일염이랍니다. 바닷물이 짜고 비가 적게 내릴수록 더 많은 소금을 얻을 수 있어요.

✔ 양식장은 어디에 만드나요?

양식장은 바다 또는 바닷물이 있는 곳에 만들어요. 하천이나 저수지에도 양식장을 만들 수 있어요.

✔ 바다에도 주인이 있나요?

바다는 땅과 달리 주인이 없어서 사거나 팔 수 없어요. 바다에서 양식업을 하고 싶다면 행정기관으로부터 면허나 허가를 받아야 한답니다.

실생활 개념어 활용 문장　바다여행 누리집(seantour.kr)에 접속하면 다양한 염전, 양식장 체험 프로그램을 알아볼 수 있어.

나만의 말로 표현해보기

촌락

하위어 산지촌, 농촌, 어촌　**비교 단어** 도시　**관련 단어** 자연환경

교과서에서는? 산, 들, 바다 같은 자연환경을 주로 이용해 살아가는 지역을 촌락이라고 합니다.

사람들이 자연과 관련된 비슷한 일을 하며 모여 사는 작은 마을을 **촌락**이라고 해요. 크게 산과 숲이 많은 곳인 산지촌, 들판과 하천이 있는 농촌, 바다가 있는 어촌으로 구분해요.

? 궁금해요

✓ **농촌에 사는 사람들은 어떻게 살아가나요?**

주로 넓은 들에서 쌀, 보리 등 곡식이나 채소를 기르며 살아가요. 비닐하우스에서 농사를 짓거나 축사에서 가축을 기르기도 해요. 최근에는 농촌에서 체험 마을을 운영하기도 한답니다.

✓ **어촌에 사는 사람들은 어떻게 살아가나요?**

바다에서 물고기를 잡거나 김, 미역 등의 양식업을 하며 살아가요. 염전에서 소금을 만들거나 갯벌에서 조개 등을 캐기도 하죠. 최근에는 갯벌 체험, 머드 축제처럼 다양한 프로그램을 운영하기도 한답니다.

실생활 개념어 활용 문장　촌락의 아름다운 자연환경을 떠올리면 조용하고 평화로운 느낌이 들어.

나만의 말로 표현해 보기

도시

비교 단어 촌락　**관련 단어** 행정구역, 인구, 인구 밀도, 인구 분포

교과서에서는? 도시에는 높은 건물이 많고, 이동하는 사람도 많습니다.

많은 사람들이 모여 살며, 우리 생활에 필요한 많은 것들이 모여 있는 곳으로 정치, 경제, 문화의 중심인 곳을 **도시**라고 해요.

? 궁금해요

✓ 도시의 특징은 무엇인가요?

도시는 많은 사람이 모여 산다는 특징이 있어요. 공공 기관, 문화 시설, 교통 시설, 대형 마트 등 여러 사람들이 생활하는 데 필요한 시설들을 갖추고 있지요.

시청, 학교, 도서관 등
다양한 공공 기관이 있어요.

영화관, 야구장, 미술관 등
다양한 문화 체험을
할 수 있어요.

버스나 지하철과 같은
여러 가지 교통 시설이
발달했어요.

대형 마트, 백화점, 상점 등이
있어 필요한 물건을
쉽게 구할 수 있어요.

✓ 우리나라의 주요 도시들은 어디인가요?

서울은 1948년 대한민국 정부가 수립되면서 수도로 결정되었고, 1949년에는 서울특별시가 되었어요. 우리나라의 정치, 경제, 사회, 문화의 중심지라고 할 수 있지요. 정부세종청사와 각종 행정기관이 위치한 세종특별자치시는 행정 수도의 역할을 하는 도시예요. 대한민국 최대 항구 도시인 부산광역시, 항구와 국제공항이 위치한 인천광역시, 중부와 남부 지방을 연결하는 교통의 중심지 역할을 하는 대전광역시도 있지요. 이 밖에도 울산광역시, 대구광역시, 광주광역시도 많은 인구가 모여 사는 주요 도시랍니다.

실생활 개념어 활용 문장	대한민국의 수도인 서울은 나라의 중심이 되는 도시야.
나만의 말로 표현해보기	

인구

人 사람 인 口 입 구

내가 읽은 횟수

하위어 인구 구성, 인구 분포, 인구 밀도

교과서에서는? 산업이 발전하는 과정에서 일자리가 늘어나면서 인구가 증가해 도시가 성장했습니다.

한 나라 또는 일정한 지역에 모여 사는 사람의 수를 **인구**라고 해요.

❓ 궁금해요

✔ **우리나라 인구는 몇 명인가요?**

2024년 기준 약 5천 2백만 명이에요. 2020년 이후로 점차 줄어들고 있어요.

✔ **세계의 인구는 얼마나 되나요?**

세계 인구는 2024년 기준 81억 2천만 명 정도예요. 앞으로 세계 인구는 계속 증가하여 2070년에는 103억 명에 이를 것으로 예상하고 있어요.

✔ **세계에서 인구가 가장 많은 국가는 어디인가요?**

세계에서 인구가 가장 많은 국가는 인도예요. 인도의 인구는 2024년 기준 14억 4천만 명으로 세계 인구의 17.7%에 해당해요. 지구에 사는 사람이 100명이라면, 인도에 약 18명이 모여 사는 거예요.

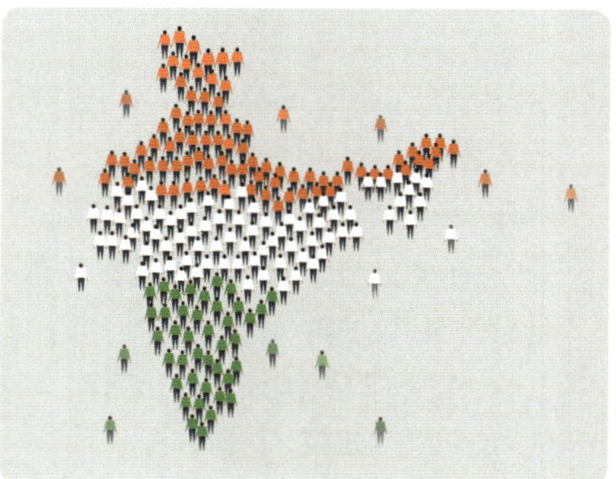

✔ **인구는 달라지나요? 달라지는 까닭은 무엇인가요?**

인구는 항상 변화해요. 아기가 태어나기도 하고, 노화·질병·사고·전쟁 등으로 죽는 사람도 있어요. 사람들이 좋은 일자리와 교육 등을 위해 다른 지역으로 이동하면 인구는 변화해요.

실생활 개념어 활용 문장 서울은 우리나라에서 **인구**가 가장 많은 도시야.

나만의 말로 표현해보기

지리 18

인구 구성

상위어 인구　**하위어** 저출산, 고령화　**비교 단어** 인구 분포, 인구 밀도
교과서에서는? 우리나라의 연령별 인구 구성 비율은 저출산·고령 사회의 특징을 잘 보여 줍니다.

인구를 성별, 나이, 종교, 직업 등을 기준으로 나누어 본 것을 **인구 구성**이라고 해요.

? 궁금해요

✓ 인구 피라미드는 무엇인가요?

다양한 인구 구성 중 성별, 연령별 인구 구성은 그 사회의 기본적인 특징을 알려 줘요. 이를 그래프로 나타낸 자료가 인구 피라미드예요. 인구 피라미드를 살펴보면 연령별 인구와 성별의 차이를 한눈에 비교할 수 있어요. 또, 미래 인구 변화를 짐작하는 데 도움이 돼요.

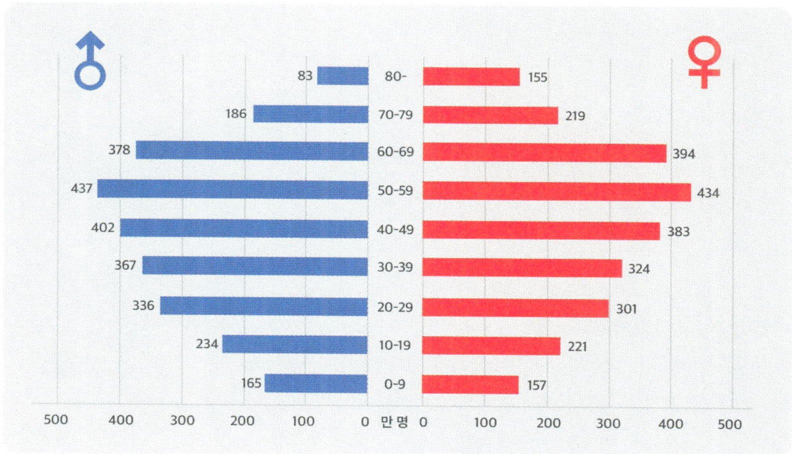

(출처: 우리나라 남녀 인구피라미드 2024년, KOSIS 통계놀이터)

✓ 우리나라 인구 피라미드의 특징은 무엇인가요?

평균 수명이 길어지면서 전체 인구에서 노인 인구가 차지하는 정도가 증가하고 있어요. 반면, 아이를 적게 낳아 0세에서 14세까지 인구가 차지하는 정도가 줄어들고 있어요.

✓ 우리나라 인구 구성은 앞으로 어떻게 변화할까요?

2050년에는 65세 이상의 노인이 인구 100명 중 40명 정도가 될 것으로 예상하고 있어요. 반면, 14세 이하 아이는 인구 100명 중 8명 정도가 될 것이라 예상하고 있죠.

실생활 개념어 활용 문장　우리 학년의 성별 인구 구성은 남학생이 55명, 여학생이 50명이야.

나만의 말로 표현해보기

인구 분포

내가 읽은 횟수

상위어 인구   **비교 단어** 인구 구성, 인구 밀도

교과서에서는? 인구 분포가 지역적으로 고르지 않으면 여러 가지 문제가 발생합니다.

사람들이 어느 곳에 얼마나 모여 사는가를 나타낸 것을 **인구 분포**라고 해요.

? 궁금해요

✔ 인구 분포도는 무엇인가요?

인구가 지역에 따라, 산업에 따라, 연령에 따라, 혹은 성별에 따라 어떻게 퍼져 있는지를 나타낸 지도를 인구 분포도라고 해요. 사람들이 모여 사는 정도를 한눈에 볼 수 있답니다. 우리나라는 전체 인구의 91.9%가 도시에 살고 있어요.

✔ 사람들은 왜 도시에 모이는 건가요?

도시는 일자리가 많고, 교통이 발달하였으며, 학교·병원·시장·공연장 등 생활하는 데 편리한 시설들이 많기 때문이에요.

✔ 도시를 떠나는 사람도 있나요?

직장을 그만둔 후 남은 인생을 자연과 가까이에서 건강하게 보내기 위해 촌락으로 돌아가는 사람들이 있어요. 도시에서 촌락으로 돌아가 생활하는 것을 귀촌_{도시에서 떨어져 있는 지역인 촌으로 돌아감}이라고 하고, 촌락으로 돌아가 농사를 지으며 생활하는 것을 귀농이라고 해요.

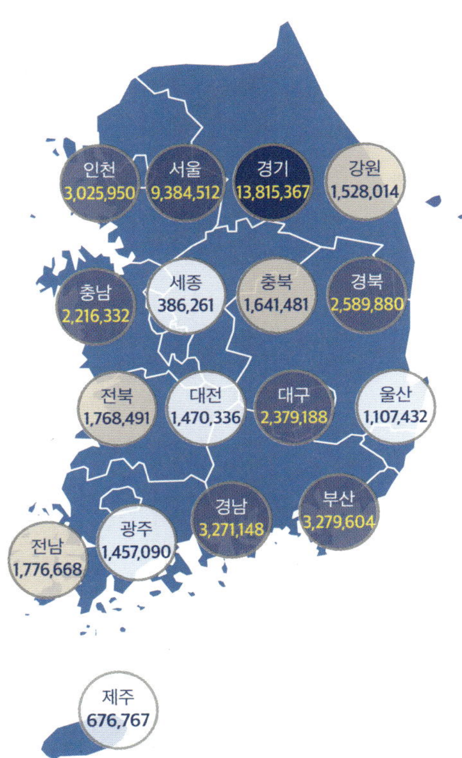

(출처: 인구총조사 인구 2023년, KOSIS 통계놀이터)

실생활 개념어 활용 문장   인구 분포를 조사하면 학교, 병원, 공원 같은 시설을 어디에 더 지어야 하는지 알 수 있어.

나만의 말로 표현해 보기

지리 20

인구 밀도

密 빽빽할 밀 度 법도 도 빽빽한 정도

상위어 인구　**비교 단어** 인구 구성, 인구 분포

교과서에서는? 대도시 지역의 인구 밀도는 높아졌지만 농촌 지역의 인구 밀도는 낮아졌습니다.

정해진 넓이의 땅에 사는 사람의 수를 **인구 밀도**라고 해요.

❓ 궁금해요

✓ **인구 밀도가 높다는 것은 무슨 뜻인가요?**

인구 밀도가 높다는 것은 같은 넓이의 땅에 사람이 많이 산다는 뜻이에요. 반대로 인구 밀도가 낮다는 것은 같은 넓이의 땅에 사람이 적게 산다는 뜻이에요.

✓ **우리나라의 인구 밀도는 얼마인가요?**

우리나라의 인구 밀도는 2023년 기준 $1km^2$당 515명으로 세계 27위(237개국) 수준이에요. 특히 서울의 인구 밀도는 전 세계 도시 중에서도 매우 높은 편에 속해요.

✓ **인구 밀도가 높아 생기는 문제는 무엇인가요?**

땅은 좁은데 사람이 많다 보니 살 집이 부족해지고, 집값이 비싸지며, 교통이 혼잡해져요. 또한 환경 오염이 많이 발생하고 사람들 간의 갈등도 많이 생겨요.

실생활 개념어 활용 문장　인구 밀도를 통해 사람들이 많이 사는 곳과 적게 사는 곳을 비교할 수 있어.

나만의 말로 표현해보기

생태 공원

生 날 생 態 모양 태 생물이 살아가는 모습이나 상태

상위어 자연환경, 인문 환경　**관련 단어** 도시

교과서에서는? 생태 공원은 있는 그대로의 자연환경을 지키기 위해 만들어졌습니다.

식물, 동물, 곤충 등 다양한 생물이 살아가는 환경을 만들고, 다양한 생물이 살아가는 모습을 관찰할 수 있도록 한 공원을 **생태 공원**이라고 해요.

? 궁금해요

✓ 우리나라 최초의 생태 공원은 어디인가요?

1997년에 여의도 샛강에 만들어진 생태 공원이에요. 샛강은 냄새가 심하게 나고 파리와 모기가 가득한 땅이었어요. 이곳을 생태 공원으로 복원한 거예요. 이후, 다양한 생태 공원이 전국에 만들어졌답니다.

✓ 생태 공원의 특징은 무엇인가요?

생태 공원은 다양한 생물들이 자연의 질서를 스스로 만들며 살아가는 장소예요. 생물이 사는 곳을 보호하기 위해 사람이 영향을 줄 수 있는 활동은 되도록 하지 않아요.

✓ 생태 공원을 방문할 때 주의할 점은 무엇인가요?

생태 공원은 다양한 생물이 살고 있어요. 따라서 생태 공원에서는 지켜야 할 약속이 있어요. 생태 공원에 따라 주의할 점이 다를 수 있으니 방문하기 전, 꼭 확인하세요.

실생활 개념어 활용 문장　**생태 공원**에 가면 도시 속에서도 자연을 느낄 수 있어.

나만의 말로 표현해보기

지리 22

관광지와 특산물

내가 읽은 횟수 ☐ ☐ ☐

상위어 자연환경, 인문 환경

교과서에서는? 여러 지역의 관광지와 특산물을 홍보하는 안내 책자를 만들어 봅시다.

아름다운 산, 바다, 역사적인 유적지, 온천과 같이 구경하고 즐길 만한 곳을 **관광지**라고 해요.
어떤 지역에서 특별히 잘 자라거나 많이 만들어지는 물건이나 식품을 **특산물**이라고 해요.

? 궁금해요

✔ 관광지 안내 표지판의 특징은 무엇인가요?

고속도로의 관광지 안내 표지판은 갈색이에요. 갈색은 주변에 주요 문화재, 관광지, 명소가 있다
는 뜻이에요. 관광지를 더 쉽게 찾을 수 있는 그림형 표지판도 있어요.

(출처: 도로교통부)

✔ 지역별 대표 특산물은 무엇이 있나요?

특산물은 그 지역의 날씨와 지형에 따라 달라요. 넓은 들이나 논이 있는 지역에는 곡식과 과일, 산
에서는 약초와 산나물, 바닷가에서는 해산물이나 소금 등을 주로 얻을 수 있기 때문이에요.

경기	가평(잣), 파주(콩), 양평(더덕), 의왕(꿀), 수원(갈비), 시흥(포도), 이천(쌀)
충남	태안(대하), 공주(밤), 금산(인삼), 논산(딸기)
충북	충주(사과), 단양(마늘), 진천(수박), 영동(포도)
전남	영광(굴비), 함평(무화과), 여수(돌산 갓), 고흥(유자)
전북	고창(복분자), 순창(고추장), 남원(송이), 진안(염소)
경남	의령(망개떡), 창원(단감), 하동(재첩), 부산(대저토마토)
경북	문경(오미자), 김천(자두), 성주(참외), 영덕(대게)
강원	인제(황태), 평창(감자), 강릉(오징어), 횡성(한우)

실생활 개념어 활용 문장   **관광지**의 **특산물**은 선물로 인기가 많아.

나만의 말로 표현해보기

지리 23

지형
地 땅 지 形 형상 형 땅의 생긴 모양

상위어 지리　**하위 단어** 산맥, 하천, 동고서저

교과서에서는? 우리 지역은 산이 많은 산지 지형입니다.

땅의 생긴 모습(모양)을 **지형**이라고 해요. 대표적으로 산지 지형, 하천 지형, 해안 지형이 있어요.

? 궁금해요

✔ **우리나라 산지 지형의 특징은 무엇인가요?**

우리나라 산지 지형은 북쪽과 동쪽에 높은 산들이, 남쪽과 서쪽에는 낮은 산들이 있어요. 산지 지형에도 평평한 땅이 있는데, 이곳을 '분지'라고 해요. 분지는 큰 그릇(접시)처럼 생겼고, 산으로 둘러싸여 있지만 가운데 부분이 낮고 평평해서 사람들이 마을을 이루며 살기 좋아요.

✔ **우리나라 하천 지형의 특징은 무엇인가요?**

하천은 땅 위를 흐르면서 땅을 깎거나 흙과 모래를 운반하여 평야를 만들어요. 땅의 모양을 바꾸기도 하지요. 우리나라 하천은 물이 많을 때와 적을 때의 차이가 크기 때문에 홍수와 가뭄에 대비하기 위해 댐과 저수지를 만들었어요.

✔ **우리나라 해안 지형의 특징은 무엇인가요?**

황해와 남해는 비교적 수심물의 깊이이 얕지만, 동해는 2,000m 이상이 되는 곳이 있을 만큼 깊어요. 동해안은 해안선이 단순하고 모래사장이 많아요. 반면, 서해안과 남해안은 해안선이 복잡하고 갯벌이 발달했어요.

실생활 개념어 활용 문장	육지와 떨어진 섬 지형에 살고 있다면 택배가 늦게 도착할 수 있어.
나만의 말로 표현해보기	

산맥과 하천

山 메 산 脈 줄기 맥 / 河 강물 하 川 내 천

상위어 지형   **관련 단어** 동고서저

교과서에서는? 산맥과 하천은 지역을 구분하는 기준이 되기도 합니다.

여러 산들이 길게 이어져 있는 것을 **산맥**이라고 해요. 강과 냇물처럼 물이 흘러가는 길을 만들며 이동하는 것은 **하천**이라고 해요.

❓ 궁금해요

✓ 우리나라의 대표 산맥은 어디인가요?

북한의 영흥만 인근에서 부산까지 남북으로 뻗어 연결되는 약 500km의 태백산맥이에요. 우리나라 산맥 중에서 가장 길고, 이곳을 중심으로 다른 산맥들이 이어져 뻗어 가요. 태백산맥을 기준으로 동쪽을 영동 지방, 서쪽을 영서 지방이라고 해요.

✓ 우리나라의 대표 하천은 어디인가요?

우리나라의 5대 하천은 한강, 낙동강, 금강, 섬진강, 영산강이에요. 한강은 가장 넓은 면적을 차지한 하천이고, 낙동강은 가장 긴 하천이에요. 일 년 평균 강수량 _{비나 눈이 일정 기간 일정한 곳에 내린 물의 총량} 이 가장 많은 하천은 섬진강이랍니다.

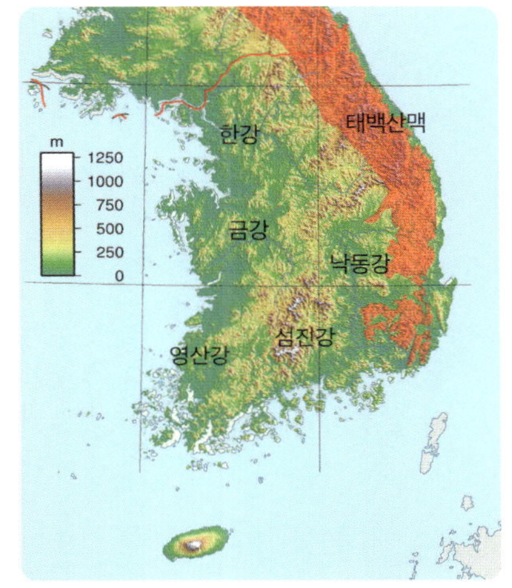

✓ 산맥과 하천이 중요한 까닭은 무엇인가요?

산맥과 하천은 사람들의 삶에 큰 영향을 미치기 때문이에요. 두 지역을 가로막는 산맥은 지역 간 문화의 차이를 만들었어요. 지역마다 사투리, 음식, 전통 가옥의 모습이 달라졌답니다. 하천은 사람들이 마시는 물과 농사에 필요한 물을 제공해요. 그래서 사람들은 물을 쉽게 얻을 수 있는 하천 주변에 모여 살았고, 하천을 이용해 다른 지역으로 이동했어요.

실생활 개념어 활용 문장   지도에서 우리나라의 대표 **산맥**과 **하천**을 확인해.

나만의 말로 표현해 보기

동고서저

東 동쪽 동 高 높을 고 西 서쪽 서 低 낮을 저

상위어 지형　**관련 단어** 산맥, 하천

교과서에서는? 동고서저는 우리나라 지형의 대표적 특징입니다.

동쪽 지역이 높고 서쪽 지역이 낮은 우리나라 지형을 **동고서저**라고 해요.

? 궁금해요

✓ **우리나라 국토의 특징은 무엇인가요?**

우리나라는 산지가 국토의 70%를 차지해요. 갈색은 산지, 초록색은 평야를 의미해요. 산지는 국토의 북쪽과 동쪽에, 평야는 서쪽과 남쪽에 주로 발달했답니다.

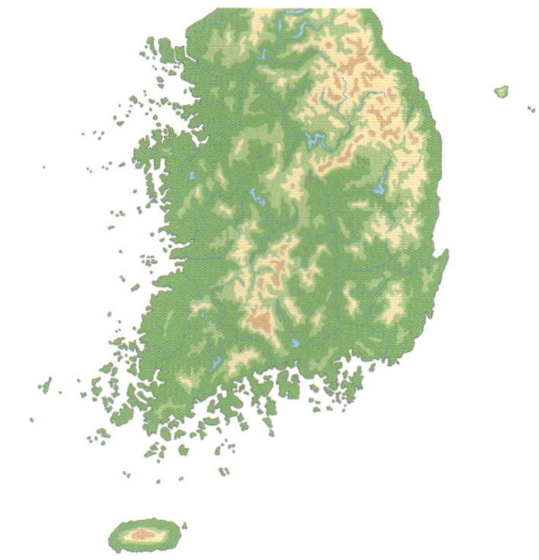

✓ **동고서저 지형과 우리 생활은 어떤 관련이 있나요?**

동고서저 지형의 영향으로 큰 하천은 대부분 서쪽 또는 남쪽으로 흘러가요. 그 결과, 국토의 서쪽과 남쪽에 평야가 발달했어요. 넓고 평평한 땅은 사람들이 살기 좋아 도시가 발달하게 되었답니다.

실생활 개념어 활용 문장　**동고서저** 지형은 동쪽과 서쪽의 날씨에도 영향을 줘.

나만의 말로 표현해보기

지리 26

강수량

降 내릴 강 **水** 물 수 **量** 헤아릴 량 내리는 물의 양

상위어 날씨, 기후

교과서에서는? 우리나라의 강수량이 가장 많은 계절은 여름입니다.

비, 눈, 우박, 안개 등이 일정한 시간 동안 내린 양을 모두 더하여 **강수량**이라고 해요.

? 궁금해요

✓ **강수의 종류에는 무엇이 있나요?**

강수는 땅 위로 떨어지는 다양한 모습의 물을 말해요. 공기 중의 바람, 온도, 기압 공기가 누르는 힘 등에 따라 비, 눈, 우박, 안개 등 다른 모습을 하게 된답니다.

✓ **강수량은 어떻게 측정하나요?**

강수량은 우량계 내린 비의 양을 재는 기구를 사용해 측정해요. 사람이 직접 우량계에 모인 빗물의 눈금을 읽는 전통적인 방법이 있어요. 전류를 이용한 우량계, 레이더, 인공위성을 이용하는 방법도 있답니다.

✓ **우리나라는 연평균 강수량이 많은 편인가요?**

우리나라는 연평균 강수량이 1,300mm 정도로(세계 연평균 강수량 970mm) 강수량이 많은 편에 해당해요. 대부분 여름에 집중되어 나타나는 것도 우리나라 강수량의 특징이랍니다.

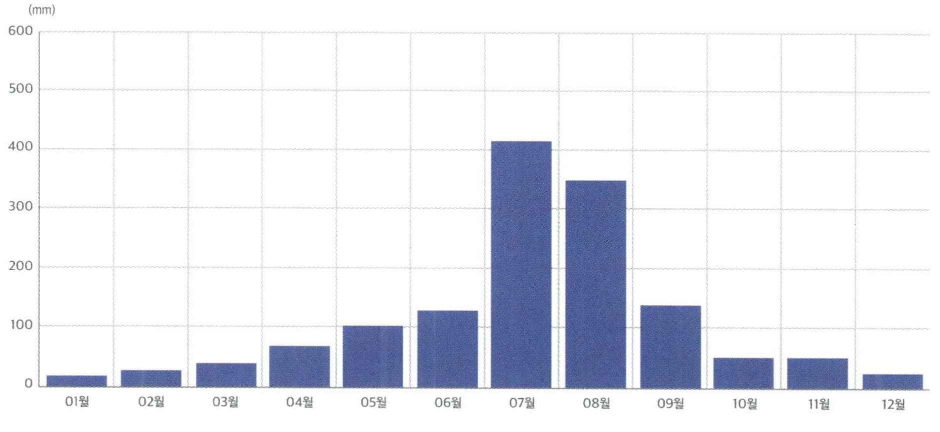

(출처: 서울 연간 강수량, 기상청)

실생활 개념어 활용 문장   **강수량**이 지나치게 많거나 적으면 홍수나 가뭄이 나타날 수 있어.

나만의 말로 표현해보기

날씨와 기후

내가 읽은 횟수 ☐☐☐

상위어 지리　**하위어** 기후대, 강수량　**관련 단어** 자연재해, 기상 특보

교과서에서는? 우리나라의 여름철 날씨가 점점 더워지는 것은 기후 변화와 관련이 있습니다.

비교적 짧은 기간 동안 나타나는 하늘과 공기 상태를 **날씨**라고 해요. 한 지역의 기온, 강수, 바람과 같은 날씨를 오랜 기간 관찰해 평균적으로 나타낸 것은 **기후**라고 해요.

❓ 궁금해요

✔ 날씨를 어떻게 알 수 있나요?

'기상청 날씨누리 weather.go.kr' 누리집에 접속하면 자세한 오늘 날씨를 알 수 있어요. 기상청^{기상 상황을 관찰하고 측정해서 미리 알리는 일을 하는 곳}은 '131 기상콜센터'도 운영하고 있어요. 오늘날에는 스마트 기기의 날씨 앱을 통해서도 확인할 수 있답니다.

(출처: 기상청 날씨누리 누리집)

✔ 기후가 지역마다 다른 까닭은 무엇인가요?

지역마다 기후에 영향을 주는 땅의 높이, 바다와 육지의 모습, 계절마다 달라지는 바람, 강수량, 기온 등이 같지 않기 때문이에요.

✔ 기단과 계절풍은 무엇인가요?

기단은 넓은 지역에 오랫동안 머무르는 비슷한 성질의 큰 공기 덩어리를 말해요. 계절풍은 계절마다 달라지는 바람을 말한답니다.

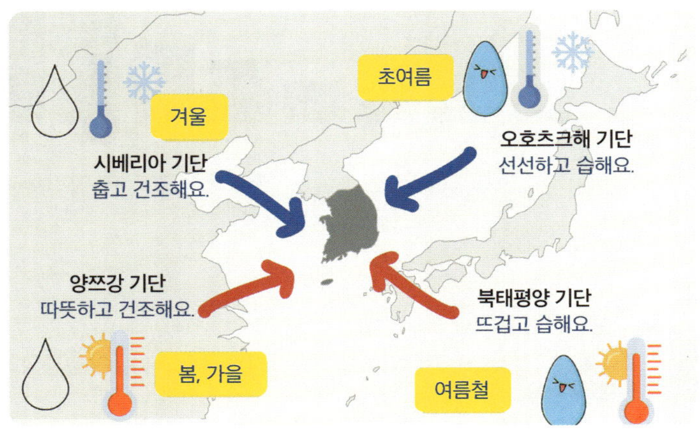

✔ **여름은 점점 길어지고 겨울은 점점 짧아진다고요?**

기후 변화로 인해 최근 30년의 연평균 기온은 30년 전보다 1.6℃ 높아졌어요. 여름의 길이는 20일 길어졌고 겨울은 22일 짧아졌어요. 봄과 여름이 시작되는 날도 각각 17일, 11일씩 빨라졌어요.

실생활 개념어 활용 문장	기후 변화 때문에 여름에 더운 날씨가 더 길어지고 있어.
나만의 말로 표현해 보기	

자연재해

상위어 날씨, 기후　**관련 단어** 기상 특보

교과서에서는? 자연재해로 인해 인명 피해와 재산 피해가 발생합니다.

비나 눈이 많이 오거나 태풍, 호우, 대설, 가뭄, 지진과 같이 자연현상으로 인해 발생하는 피해를 **자연재해**라고 해요.

? 궁금해요

✓ 황사

황사黃沙 누를 황, 모래 사: 누런색 모래는 중국 또는 몽골 사막에서 만들어진 모래 먼지가 강한 바람을 타고 우리나라로 날아오는 현상이에요. 3월~5월 사이에 많이 발생하는데 최근에는 겨울철에도 많이 일어나요. 황사로 인해 호흡기 질병이 생기기도 해요.

✓ 가뭄

오랜 기간 비가 오지 않거나 적게 오는 기간이 길어지는 현상을 말해요. 땅이 메마르고 농작물 피해가 발생할 수 있어요.

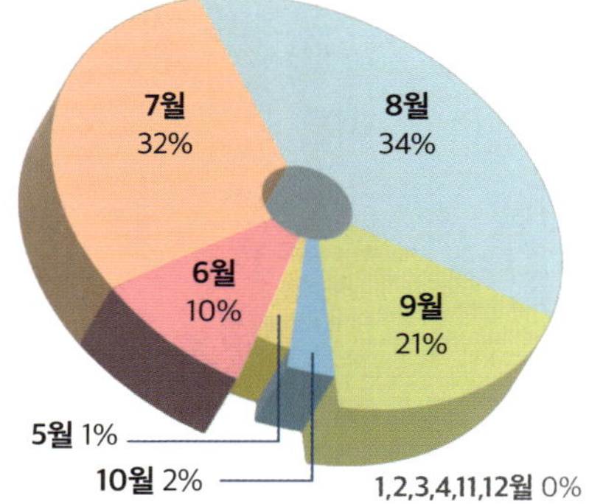

(출처: 우리나라에 영향을 준 태풍의 월별 비율, 대한민국 국가자료집 청소년판 2022 / 기상청(2019))

✓ 태풍과 호우

우리나라에서 가장 큰 재산 피해를 발생시키는 자연재해는 태풍과 호우豪雨 호걸 호, 비 우: 계속 내리는 많은 비예요. 태풍과 호우는 홍수, 해일, 산사태의 원인이 되기도 한답니다.

제11호 태풍 힌남노 피해

호우 피해

✓ 폭염

폭염은 매우 심한 더위를 말해요. 몸에 열이 너무 높아지면 어지럽고 갑자기 정신을 잃을 수 있어요. 이런 경우 열사병이나 열경련 같은 온열 질환더위로 인한 질병이 생길 수 있으니 조심해야 해요.

✔ 한파

한파는 겨울철에 온도가 갑자기 내려가며 추워지는 것을 말해요. 체온이 35℃보다 낮아지는 저체온증, 피부가 얼어붙는 동상과 같은 질병이 생길 수 있어요.

✔ 대설(폭설)

대설은 한꺼번에 많은 눈이 내리는 것을 말해요. 대설은 순식간에 교통을 마비시키고 항공기 운항에도 영향을 줘요. 빙판길 사고가 날 수 있으니 조심해야 해요.

✔ 지진

지진은 땅속의 급격한 변화로 땅이 흔들리거나 갈라지는 것을 말해요. 지진은 흔들림의 세기에 따라 진도1에서 진도12까지 구분할 수 있어요.

진도1
대부분 사람은 진동을 못 느끼지만 지진을 기록하는 기계에 기록돼요.

진도4
실내에서 많은 사람이 진동을 느끼고 그릇과 창문이 흔들려요.

진도5
거의 모든 사람이 진동을 느끼고 그릇과 창문이 깨지기도 해요.

진도10
건물이나 다리 등의 구조물이 거의 없으며, 다리가 무너지고 기차 선로가 휘어져요.

✔ 화산 폭발

화산 폭발로 인한 피해는 용암, 화산재, 화산 가스 등 다양해요. 그중 많은 피해는 화산재로 인해 발생해요. 먼지를 막는 마스크와 눈을 보호하는 안경을 써야 해요.

✔ 미세먼지는 자연재해인가요?

눈에 보이지 않을 정도로 작은 먼지라는 뜻의 미세먼지는 자동차가 내뿜는 가스 배기가스, 공장의 매연 공장에서 나오는 석탄 등의 연료를 태워 연기와 함께 나오는 물질 등 때문에 발생해요. 따라서 자연재해라고 할 수 없어요.

실생활 개념어 활용 문장
자연재해가 발생했을 때 안전 수칙을 알고 있어야 해.

나만의 말로 표현해보기

기상 특보

상위어 날씨, 기후　**관련 단어** 자연재해

교과서에서는? 기상 특보의 단계에는 주의보와 경보가 있습니다.

갑작스러운 날씨 변화로 재해가 예상될 때, 사람들에게 정보를 알려 주는 특별한 보도를 **기상 특보**라고 해요. 기상 특보는 사람들이 날씨로 인한 위험에 대비할 수 있도록 도와줘요.

？ 궁금해요

✔ 기상 특보의 종류에는 무엇이 있나요?

기상청이 발표하는 기상 특보에는 강풍·풍랑·호우·대설·건조·안개·폭풍 해일·지진 해일·한파·태풍·황사·폭염이 있어요.

✔ 주의보와 경보는 무엇인가요?

기상 특보는 주의보와 경보로 구분할 수 있어요. 주의보와 경보는 모두 위험한 상황에 발표되지만 위험한 정도에 차이가 있어요. 주의보는 날씨가 안 좋아질 수 있으니 주의하라는 뜻이고, 경보는 매우 위험하니 지금 당장 조심하라는 뜻이에요.

폭염 주의보	폭염 경보
폭염으로 인하여 다음 중 어느 하나에 해당하는 경우	
① 일 최고 체감 온도(그날 하루 몸이 느끼는 제일 높은 온도) **33℃ 이상인 상태가 2일 이상 지속**될 것으로 예상될 때 ② 급격한 체감 온도 상승 또는 폭염이 오래 계속되는 등 중대한 피해 발생이 예상될 때	① 일 최고 체감 온도 **35℃ 이상인 상태가 2일 이상 지속**될 것으로 예상될 때 ② 급격한 체감 온도 상승 또는 폭염이 오래 계속되는 것 등 광범위한 지역에서 중대한 피해 발생이 예상될 때

✔ 기상 특보는 어떻게 알 수 있나요?

기상청에서 직접 제공하는 '날씨 알리미 앱'을 통해 기상 특보를 확인할 수 있어요. 사용자가 있는 위치를 파악하여 기상 정보를 제공하는 위치 기반 맞춤형 알림 서비스랍니다.

실생활 개념어 활용 문장　**기상 특보**가 발령되면 학교나 직장을 쉬기도 해.

나만의 말로 표현해보기

지구본과 세계지도

地 땅 지 球 공 구 本 근본 본

상위어 지도, 일반도　　하위어 남반구, 북반구, 위도, 위선, 경도, 경선

교과서에서는? 지구본과 세계지도는 지구의 모습을 나타냅니다.

지구 모양을 따라 크기를 작게 만든 입체 모형을 **지구본**이라고 해요. 지구의 둥근 모습을 평면으로 나타낸 것을 **세계지도**라고 해요.

? 궁금해요

✓ 지구본과 세계지도의 공통점과 차이점은 무엇인가요?

지구본과 세계지도는 모두 우리가 사는 지구의 모습을 보여 줘요. 나라의 위치, 바다의 모양 등 지구의 모습을 살펴볼 수 있지요. 하지만 차이점도 있어요. 지구본은 실제 지구처럼 둥근 공 모양 입체이지만 세계지도는 평평한 면에 그린 그림이에요. 지구본과 세계지도는 보는 방법도 다르답니다. 지구본은 돌려가면서 각 지역을 살펴볼 수 있고, 세계지도는 한눈에 모든 지역을 쉽게 볼 수 있어요.

✓ 세계지도는 모두 사각형인가요?

입체인 지구의 모습을 평평한 면에 옮겨 그리는 것을 투영법(도법)이라고 해요. 투영법(도법)에 따라 세계지도의 모양은 둥근 모양, 네모 모양, 타원 모양 등 다양하게 만들어지고 있어요.

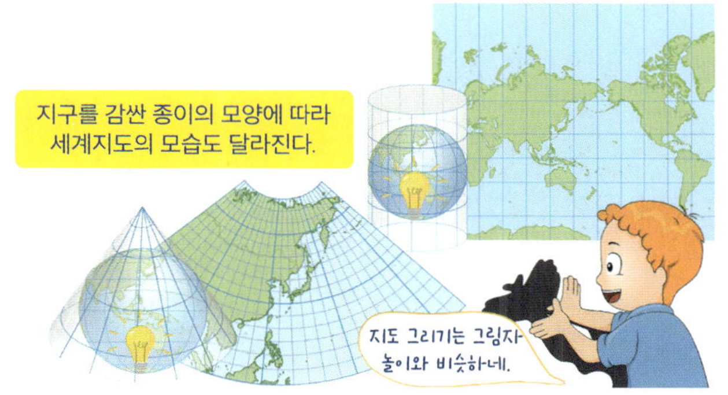

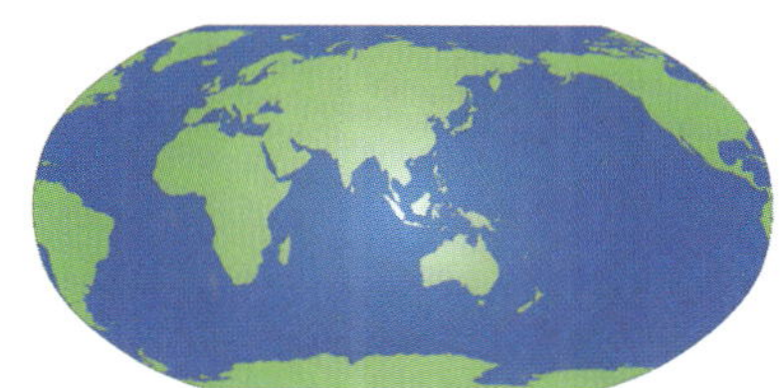

로빈슨 도법에 따른 세계지도

실생활 개념어 활용 문장　　**지구본**은 입체이고 **세계지도**는 평면이라는 차이점이 있어.

나만의 말로 표현해보기

반도

半 반 반 島 섬 도

상위어 지형 **하위어** 한반도

교과서에서는? 우리나라는 아시아 대륙의 동쪽에 위치한 반도 국가입니다.

땅이 바다 쪽으로 길게 나와 있어 세 면이 바다로 둘러싸인 땅을 **반도**라고 해요. 한반도는 북쪽을 빼고 동·서·남쪽이 바다로 둘러싸여 있어요.

? 궁금해요

✓ 반도와 곶의 차이는 무엇인가요?

반도와 곶바다 쪽으로 새 부리 모양처럼 뾰족하게 나와 있는 땅은 육지가 바다를 향해 나와 있다는 공통점이 있어요. 반도는 도시나 국가가 만들어질 수 있을 정도로 큰 육지를 말해요. 곶은 육지에서 길게 뻗어나온 비교적 좁은 지형을 말해요. 우리나라가 위치한 한반도, 포항의 일출로 유명한 호미곶을 기억하세요.

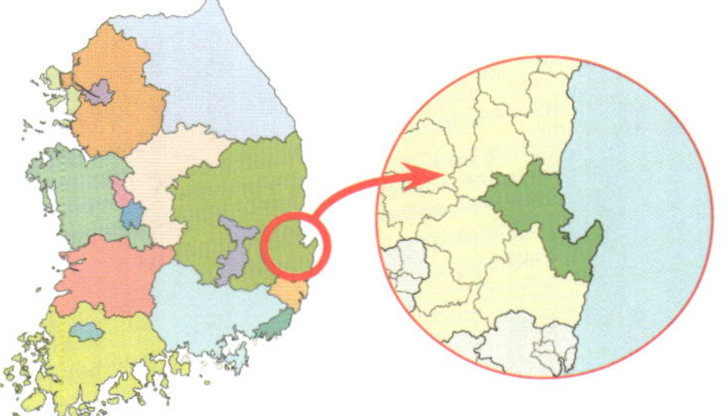

✓ 또 다른 반도 국가들은 어디인가요?

반도 국가는 세계 여러 곳에 있어요. 스페인과 포르투갈은 이베리아반도에 그리스는 발칸 반도에 있어요. 노르웨이와 스웨덴은 스칸디나비아반도, 사우디아라비아·카타르 등은 아라비아 반도에 있답니다.

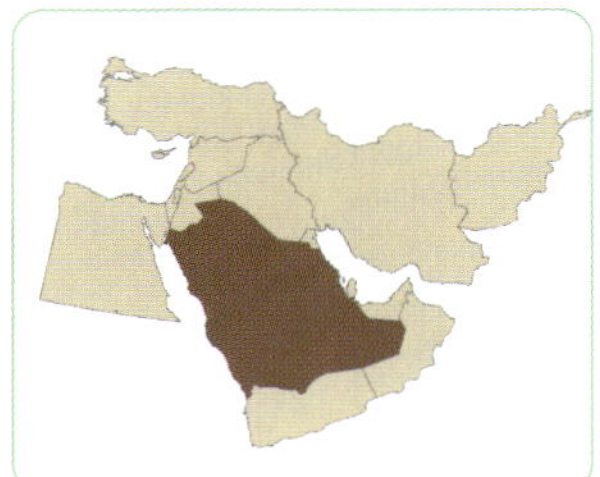

실생활 개념어 활용 문장	우리나라는 한반도라는 이름을 가진 **반도**야.
나만의 말로 표현해보기	

대륙과 대양

大 큰 대 陸 뭍 륙 / 大 큰 대 洋 큰 바다 양

상위어 지형

교과서에서는? 태평양은 가장 큰 대양으로 아시아, 오세아니아, 아메리카 대륙의 사이에 있습니다.

내가 읽은 횟수

바다로 둘러싸인 크고 넓은 땅덩어리를 **대륙**이라고 해요. 지구 전체에서 약 30%를 차지해요. 세계의 바다 가운데 드넓은 바다를 **대양**이라고 하는데, 지구 전체에서 약 70%를 차지해요.

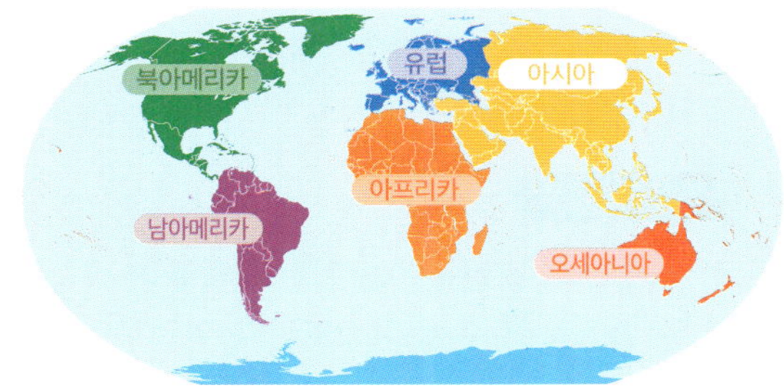

? 궁금해요

✓ '5대양 6대륙'은 무엇인가요?

5대양은 5개의 넓은 바다를, 6대륙은 6개의 큰 땅덩어리를 말해요.

5대양	태평양 · 대서양 · 인도양 · 남극해 · 북극해
6대륙	아시아 · 유럽 · 아프리카 · 남아메리카 · 북아메리카 · 오세아니아

최근에는 '5대양 6대륙'이 아닌 '3대양' 또는 '7대륙'으로 구분하기도 해요.

3대양	태평양 · 대서양 · 인도양 *남극해는 대서양·인도양·태평양과 구분하기 어렵고, 북극해는 규모가 작아서 대서양의 일부로 볼 수도 있어요.
7대륙	아시아 · 유럽 · 아프리카 · 남아메리카 · 북아메리카 · 오세아니아 · 남극 *남극은 크기가 커서 충분히 대륙으로 볼 수 있어요.

✓ 우리나라와 관련된 대양과 대륙은 무엇인가요?

우리나라는 유라시아(유럽+아시아) 대륙의 동쪽, 태평양의 북서쪽에 위치하고 있어요.

✓ 태평양·대서양·인도양은 '양'으로, 북극해·남극해는 '해'로 끝나는 까닭은 무엇인가요?

대서양, 태평양, 인도양은 크고 넓은 바다이기 때문에 '양(洋)'으로 끝나요. 여기서 양(洋)은 한자어로 큰 바다를 의미해요. 대륙과 대륙 사이에 있는 큰 바다를 말할 때 사용해요. 반면에 지중해, 남극해, 북극해처럼 상대적으로 작은 바다는 '해(海)'로 끝나요. 해(海)는 한자어로 바다를 의미하는데, 큰 바다와 떨어져 육지나 섬 주변에 있는 바다를 말할 때 사용해요.

실생활 개념어 활용 문장	아시아는 세계에서 가장 큰 **대륙**, 태평양은 세계에서 가장 큰 **대양**이야.
나만의 말로 표현해보기	

북반구와 남반구

半반 반 球 공 구 둥근 공 모양의 절반

상위어 지구본, 세계지도　**관련 단어** 적도, 위도, 위선

교과서에서는? 우리나라는 적도의 북쪽, 북반구에 위치하고 있습니다.

적도를 기준으로 북쪽에 있는 땅과 바다를 **북반구**, 남쪽에 있는 땅과 바다를 **남반구**라고 해요.

? 궁금해요

✔ 북반구와 남반구에는 어떤 나라들이 있나요?

북반구는 지구에서 적도보다 위쪽에 있는 부분이에요. 한국, 미국, 영국, 중국, 캐나다, 일본, 프랑스 등이 있지요. 남반구는 지구에서 적도보다 아래쪽에 있는 부분이에요. 호주, 브라질, 아르헨티나, 남아프리카 공화국, 뉴질랜드 등이 있어요.

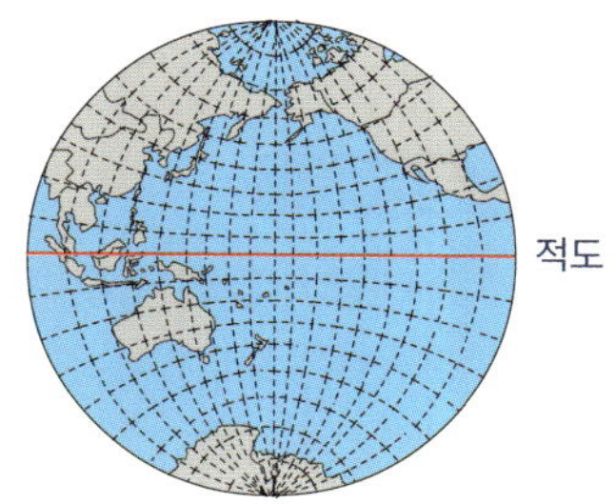

✔ 여름 방학을 맞아 호주로 여행을 간다면 어떤 옷을 준비해야 할까요?

우리나라는 북반구, 호주는 남반구에 있어요. 북반구와 남반구의 계절은 서로 반대랍니다. 여름 방학에 호주 여행을 간다면 두꺼운 겉옷과 외투를 준비해야 해요.

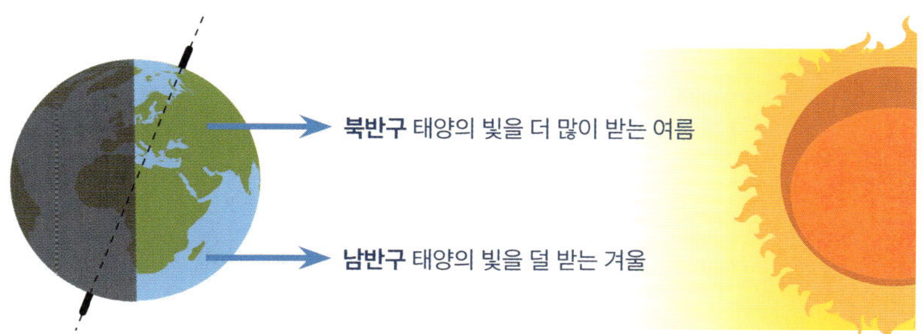

✔ 남반구의 크리스마스는 어떤 모습일까요?

남반구에 있는 사람들도 트리를 만들고 크리스마스 장식을 하며 크리스마스를 기념해요. 따뜻한 크리스마스를 보내는 남반구에서는 안타깝게도 흰눈이 내리는 화이트 크리스마스를 경험할 수 없답니다.

실생활 개념어 활용 문장	북반구와 남반구에서는 서로 다른 별자리를 볼 수 있어.
나만의 말로 표현해보기	

지리 **34**

극지방

상위어 북반구, 남반구　**관련 단어** 위도, 위선

교과서에서는? 일년 내내 햇빛을 집중적으로 받는 적도는 기온이 높고, 햇빛을 분산하여 받는 극지방은 기온이 낮습니다.

지구의 가장 위쪽(북쪽)과 아래쪽(남쪽)에 있어 대부분 눈과 얼음으로 덮여있는 추운 북극과 남극 지역을 **극지방**이라고 해요.

? 궁금해요

✓ 북극과 남극의 차이점은 무엇인가요?

북극은 주로 해양과 그 위를 덮고 있는 빙하로 이루어져 있어요. 반대로 남극은 주로 육지와 그 위를 덮고 있는 빙하로 이루어졌어요. 남극을 남극 대륙이라 부르는 이유랍니다. 두 곳 모두 아주 추운 곳이지만 남극이 북극보다 더 추워요.

✓ 극지방에 사는 대표 동물은 무엇인가요?

북극의 대표 동물은 북극곰이에요. 북반구에 살던 곰이 먹이를 찾아 얼음을 타고 북극까지 오게 되었다고 해요. 남극의 대표 동물은 펭귄이에요. 펭귄은 두꺼운 지방층이 있어 남극의 추위에도 견딜 수 있답니다.

✓ 극지방에도 사람이 살고 있나요?

북극에는 이누이트라고 불리는 소수의 원주민들이 전통적인 생활 방식을 유지하며 살고 있어요. 전통적인 얼음집을 이글루라고 부르죠. 또한 극지방의 생태계를 연구하는 과학 기지가 있어 연구원들이 생활하고 있답니다.

이누이트 가족

우리나라 최초의 남극 과학 기지인
남극 세종 과학 기지

실생활 개념어 활용 문장　**극지방**에서는 여름에 해가 지지 않는 백야 현상이 나타나.

나만의 말로 표현해보기

기후대

상위어 기후   **하위어** 기온, 강수량   **관련 단어** 자연환경
교과서에서는? 기온이나 강수량의 특징이 비슷한 열대, 온대, 냉대, 한대, 건조 기후를 기후대라고 합니다.

세계에서 기후_{기온이나 비, 눈, 바람 등의 공기 상태}가 비슷한 지역을 묶어서 **기후대**라고 해요.

❓ 궁금해요

✔ 전 세계의 기후를 처음으로 구분한 사람은 누구인가요?

전 세계의 기후를 처음으로 구분한 사람은 독일의 기후학자 쾨펜이에요. 그는 식물이 자라는 데 영향을 주는 기온, 강수량 등을 기준으로 기후를 구분했어요.

✔ 기후대는 어떻게 구분하나요?

쾨펜은 비슷한 기온과 강수량을 가진 지역을 모아 열대 기후, 온대 기후, 냉대 기후, 한대 기후, 건조 기후로 구분했어요. 현재까지도 가장 널리 사용되는 구분법이에요.

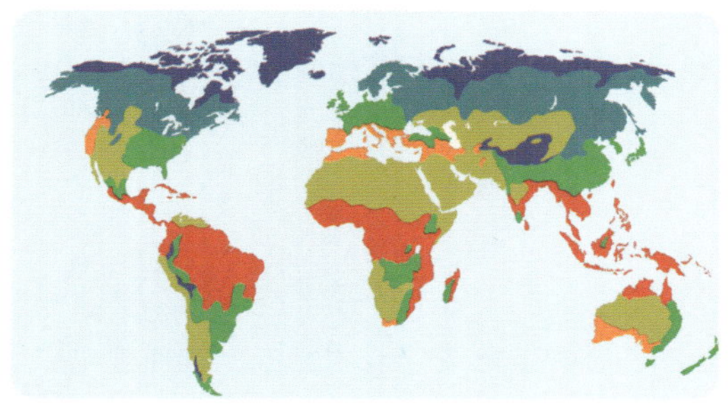

✔ 열대 기후의 특징은 무엇인가요?

열대 기후는 1년 내내 덥고 비가 많이 와요. 주로 적도 부근 지역 기후를 말해요. 열대 기후는 열대 우림 기후와 사바나 기후로 구분할 수 있어요. 열대 우림 기후는 1년 내내 비가 많이 내려 울창한 밀림을 만들어요. 비가 오는 때인 우기_{雨期 비 우, 기약할 기: 비가 오는 기간}와 비가 오지 않는 때인 건기_{乾期 마를 건, 기약할 기: 마르는 기간}가 있어요. 우기와 건기의 구분이 뚜렷한 사바나 기후에서는 얼룩말, 기린, 영양, 코끼리 등 다양한 야생 동물들이 살고 있답니다.

✔ 온대 기후의 특징은 무엇인가요?

온대 기후는 사계절이 비교적 뚜렷하고 기온과 강수량이 사람이 생활하기에 적당해요. 사람들이 생활하기 좋은 기후 조건을 갖추고 있어 전 세계 인구의 절반 이상이 온대 기후에 살고 있어요. 우리나라도 온대 기후에 해당해요.

✔ 냉대 기후의 특징은 무엇인가요?

냉대 기후의 겨울은 춥고 길며 눈이 많이 와요. 추운 겨울이 되면 소나무나 전나무처럼 잎이 바늘처럼 뾰족한 침엽수針葉樹 바늘 침, 잎 엽, 나무 수: 잎이 바늘 같은 나무가 자라서 큰 숲을 이루어요. 이 커다란 숲을 '타이가'라고 불러요. 여름은 짧지만 따뜻해서 밀, 옥수수, 감자 등 밭농사를 지을 수 있답니다.

✔ 한대 기후의 특징은 무엇인가요?

한대 기후는 눈과 얼음으로 덮여 있는 극지방에서 나타나는 매우 혹독한 기후예요. 일년 내내 기온이 매우 낮아 나무가 자랄 수 없고 이끼나 간단한 미생물만이 살아남을 수 있어요.

✔ 건조 기후의 특징은 무엇인가요?

건조 기후 지역은 비가 많이 오지 않고 물이 금방 말라 버려서 식물이 자라기 힘들어요. 사막이나 키가 작은 풀들이 자라는 초원이 펼쳐져요. 낮과 밤의 기온 차가 매우 크게 나타나요.

실생활 개념어 활용 문장	기후대에 따라 살고 있는 식물과 동물이 달라져.
나만의 말로 표현해보기	

위도와 위선

상위어 지리, 위치   **관련 단어** 북반구, 남반구   **비교 단어** 경도, 경선

교과서에서는? 가로선인 위선은 위도를 나타냅니다.

적도를 기준으로 북쪽이나 남쪽으로 얼마나 떨어져 있는지를 나타내는 숫자를 **위도**라고 해요.
같은 위도에 있는 장소를 연결한 상상의 선은 **위선**이라고 해요.

❓ 궁금해요

✓ **적도는 위선인가요?**

적도는 지구의 한가운데를 지나는 위선이에요. 위도를 결정하는
기준이 되지요. 그래서 적도의 위도는 0°랍니다.

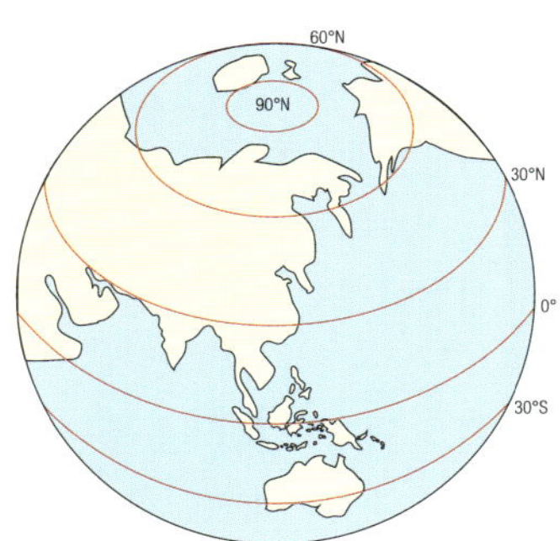

✓ **북극과 남극의 위도는 얼마인가요?**

북극과 남극은 적도와 90°를 이루고 있어요. 따라서 북극의 위도
는 북위 90°, 남극의 위도는 남위 90°가 되는 것이랍니다.

✓ **우리나라의 위도는 어떻게 되나요?**

우리나라는 적도의 북쪽, 북반구에 위치해요.
남북으로 긴 모양을 한 우리나라는 북위 33°~43° 사이에 있어요.

실생활 개념어 활용 문장   **위도**가 높아질수록 점점 기온은 낮아져.

나만의 말로 표현해보기

경도와 경선

상위어 지리, 위치 **비교 단어** 위도, 위선

교과서에서는? 세로선인 경선은 경도를 나타냅니다.

본초 자오선을 기준으로 동쪽이나 서쪽으로 얼마나 떨어져 있는지 그 정도를 숫자로 나타낸 것을 **경도**라고 해요. 같은 경도에 있는 장소를 연결한 상상의 선은 **경선**이라고 해요.

❓ 궁금해요

✔ 본초 자오선은 무엇인가요?

경선의 기준은 영국 런던의 그리니치 천문대예요. 북극점과 남극점, 그리니치 천문대를 이어 그린 직선을 '본초 자오선'이라고 해요. 이것을 기준으로 일정한 간격으로 그린 선을 경선이라고 하죠.

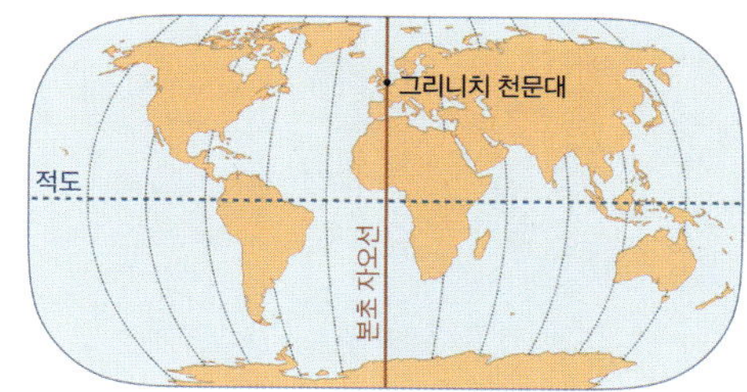

✔ 경선의 간격은 어떻게 나누나요?

본초 자오선을 기준으로 동쪽을 동경, 서쪽을 서경이라고 불러요. 동쪽으로 180°, 서쪽으로 180°로 나누어 경선을 그려요. 본초 자오선을 기준으로 15° 간격으로 경선을 그리고, 이 경선을 표준 경선이라고 불러요. 표준 경선에 따라 표준시가 정해지지요. 동경의 경우 경도 15°마다 1시간 빠른 표준시를, 서경의 경우 경도 15°마다 1시간 느린 표준시를 사용해요.

✔ 우리나라의 경도는 어떻게 되나요?

우리나라는 본초 자오선의 동쪽에 위치해요. 우리나라는 동경 124°~132° 사이에 있어요. 우리나라는 본초 자오선으로부터 동쪽으로 127번째 그려진 선을 기준으로 정했어요. 따라서 우리나라의 경도는 동경 127°입니다.

✔ 우리나라의 표준 경선과 표준시는 무엇인가요?

안타깝게도 우리나라를 지나는 표준 경선은 없어요. 따라서 동경 120°와 동경 135° 중 하나를 선택해야 했어요. 우리나라는 표준 경선으로 동경 135°를 선택했답니다.

$$135 \div 15 = 9$$

우리나라는 본초 자오선의 시계보다 9시간 빠른 표준시를 사용하고 있어요. 예를 들어 런던이 낮 12시라면 우리나라는 저녁 9시가 되는 것이지요.

실생활 개념어 활용 문장 본초 자오선은 **경도**가 0도인 **경선**을 말해.

나만의 말로 표현해보기

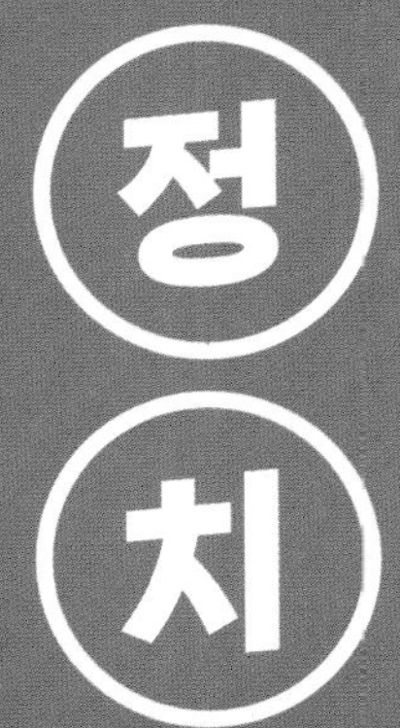
정
치

초등학생을 위한 거의 모든 사회 개념어

정치

하위어 민주주의, 정당, 정책, 자치

교과서에서는? 구성원들 사이에서 일어나는 문제를 조정하여 해결해 나가는 과정을 정치라고 합니다.

사람들 사이에서 일어나는 생각의 차이나 문제에 관해 이야기를 나누고 이를 해결하는 활동을 **정치**라고 해요.

❓ 궁금해요

✔ **정치로 해결할 수 있는 문제에는 어떤 것들이 있나요?**

사람들끼리 생각이 다르거나 다툼이 발생할 만한 문제들은 모두 정치 문제가 될 수 있어요. 정치 문제는 가정, 학교, 지역, 더 넓게는 나라나 세계와 관련된 문제까지 다양해요.

✔ **정치는 정치인들만 하는 건가요?**

정치는 정치인들만 하는 것이 아니라 국민 누구나 다양한 방법으로 정치에 참여할 수 있어요.

시민 단체	캠페인	집회
어떤 주제에 대한 문제를 해결하기 위해 사람들이 스스로 만든 모임	어떤 주제나 문제를 다른 사람들에게 알리거나 도움을 청하는 활동	특정한 주제에 대해 사람들이 모여 같은 의견을 표현하는 행사
1인 시위	**서명 운동**	**공청회**
한 사람이 팻말과 같은 도구를 사용하여 자기 생각을 다른 사람들에게 알리는 행동	어떤 주장에 대해 같은 생각을 하는 사람들이 자신의 이름을 적어 의견에 힘을 보태 주는 것	많은 사람이 모여 특정한 문제나 계획에 대해 다양한 의견을 나누고 듣는 자리

✔ **어린이도 정치에 참여할 수 있나요?**

당연히 어린이도 정치에 참여할 수 있어요. 다양한 경험을 하는 것, 뉴스나 신문 등을 통해 세상의 소식에 관심을 두는 것부터가 정치 참여의 시작이에요. 정치와 가까워지고 싶다면 주변 사람들과 다양한 문제에 관해 이야기를 나눠 보세요.

✔ **정치와 관련된 직업에는 무엇이 있나요?**

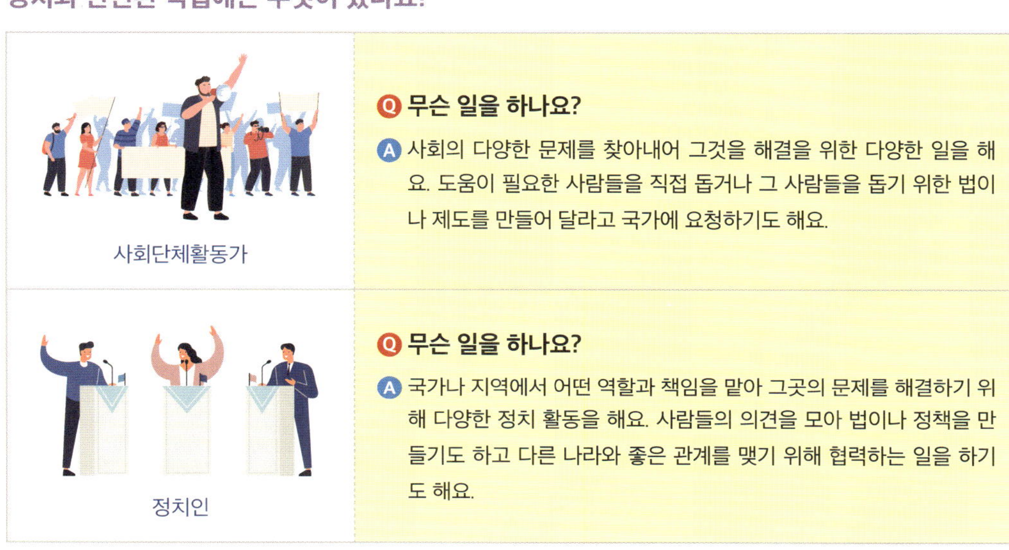

Q 무슨 일을 하나요?

A 사회의 다양한 문제를 찾아내어 그것을 해결을 위한 다양한 일을 해요. 도움이 필요한 사람들을 직접 돕거나 그 사람들을 돕기 위한 법이나 제도를 만들어 달라고 국가에 요청하기도 해요.

Q 무슨 일을 하나요?

A 국가나 지역에서 어떤 역할과 책임을 맡아 그곳의 문제를 해결하기 위해 다양한 정치 활동을 해요. 사람들의 의견을 모아 법이나 정책을 만들기도 하고 다른 나라와 좋은 관계를 맺기 위해 협력하는 일을 하기도 해요.

실생활 개념어 활용 문장 어른들이 정치 이야기하는 것을 자주 보았는데, 정치로 인해 우리의 삶이 달라진다고 하셨어.

나만의 말로 표현해 보기

민주주의

民 백성 민 主 주인 주 국민이 주인

내가 읽은 횟수

관련 단어 자유, 평등, 선거, 직선제, 간선제, 민주적 의사 결정의 원리, 국민 주권, 민주공화국, 대통령

교과서에서는? 모든 국민이 나라의 주인이 되어 정치에 참여하는 제도가 민주주의입니다.

한 나라 안에 사는 모든 국민들이 그 나라의 주인이 되어 나라를 운영하는 방법을 **민주주의**라고 해요.

? 궁금해요

✓ 민주주의 국가의 주인은 대통령인가요?

민주주의 국가의 주인은 국민이에요. 하지만 모든 국민이 함께 모여 생각을 말하는 것은 사실상 불가능해요. 따라서 민주주의 국가에서는 대통령과 같은 국민의 대표를 뽑는답니다.

✓ 우리나라는 민주주의 국가인가요?

현재 우리나라는 민주주의 국가예요. 지금과 같은 민주 국가가 되기까지 많은 사람들의 희생과 노력이 있었답니다. 민주 국가인 우리나라는 모든 사람이 태어날 때부터 소중하고 귀한 존재라는 생각(인간의 존엄성)을 바탕으로 운영되고 있어요.

✓ 민주 국가가 아닌 나라도 있나요?

어떤 나라는 민주 국가와는 달리 한 사람이나 몇 사람에 의해 나라의 일이 결정되기도 해요. 그런 나라를 독재 국가라고 한답니다.

✓ 민주주의의 중요성을 널리 알린 연설이 있나요?

미국 대통령 링컨의 게티즈버그 연설이 있어요.

실생활 개념어 활용 문장
대한민국은 민주주의 국가야.

나만의 말로 표현해보기

자유와 평등

自 스스로 자　由 말미암을 유　스스로 행동

내가 읽은 횟수

관련 단어 민주주의, 헌법, 기본권, 인권

교과서에서는? 민주주의 사회에서는 구성원들의 자유와 평등을 보장합니다.

자기가 원하는 대로 생각하고 정해서 행동할 수 있는 것을 **자유**라고 해요. 모두가 똑같은 기회를 얻고 피부색이나 종교, 살고 있는 지역 등 서로의 차이를 존중하는 것은 **평등**이라고 해요.

❓궁금해요

✔ **자유와 평등은 누구에게 주어지는 건가요?**
민주 국가에서는 모든 국민이 자유롭고 평등해요.

✔ **민주 국가에서는 자기가 원하는 대로 무엇이든 할 수 있는 건가요?**
민주 국가에서는 누구나 자유롭게 자기 생각을 말할 수 있고 행동할 수 있어요. 하지만 나의 행동이 다른 사람에게 피해를 주지 않아야 하고, 행동에 관한 결과에 대해서도 스스로 책임져야 해요.

✔ **우리나라에서 보장하는 자유와 평등은 어디에서 확인할 수 있나요?**
대한민국 헌법에 국가에서 보장하는 자유와 평등에 대해 나와 있어요.

헌법 제11조 1항 모든 국민은 법 앞에 **평등**하다.

헌법 제14조 모든 국민은 **거주·이전의 자유**를 가진다.
　　　　└ 원하는 장소에서 살거나 사는 장소를 옮길 수 있는 자유

헌법 제15조 모든 국민은 **직업선택의 자유**를 가진다.
　　　　└ 자신이 원하는 직업을 선택하여 일할 수 있는 자유

실생활 개념어 활용 문장	우리 반 친구들은 모두 **평등**해. 그리고 누구나 자신의 생각을 말할 **자유**가 있어.
나만의 말로 표현해보기	

정당

내가 읽은 횟수

관련 단어 정책, 선거, 대통령

교과서에서는? 정치에 대해 비슷한 생각을 가진 사람들끼리 정당을 만들어 활동합니다.

정치에 대해 의견과 주장이 비슷한 사람끼리 만든 모임을 **정당**이라고 해요.

❓ 궁금해요

✔ 우리나라에 정당이 몇 개가 있나요?

우리나라는 3개 이상의 정당이 활동하는 다당제
여러 정당이 있는 것 국가예요. 우리나라의 선거를 관리
하는 곳인 중앙선거관리위원회에 등록된 정당은
50여 개가 있어요. 정당은 새로 생기기도 하고 또
사라지기도 해서 정당의 개수는 수시로 바뀌기도
해요.

✔ 여당과 야당은 무엇인가요?

대통령이 속해 있는 정당을 '여당'이라고 불러요. 여당을 제외한 나머지 정당은 모두 '야당'이라고
부른답니다.

✔ 정당이 하는 일은 무엇인가요?

정당은 어떤 문제를 해결하기 위해 방법을 찾고
그것을 실천하는 일을 해요. 결정한 방법을 실천
할 때 큰 힘을 얻으려면 많은 사람들의 지지가 필
요해요. 따라서 정당에서는 다양한 사람들의 의견
을 잘 듣고 좋은 해결 방법을 찾아 실천해야 한답
니다.

실생활 개념어 활용 문장	이번 대통령 선거에는 어떤 정당에서 어떤 후보가 나올까?
나만의 말로 표현해보기	

정책

관련 단어 정당, 행정부, 공공 기관

교과서에서는? 국가의 주요 정책을 만들기 전에 국민과 전문가의 의견을 듣습니다.

사회의 문제를 해결하기 위한 구체적인 행동 방법을 **정책**이라고 해요.

❓ 궁금해요

✔ **정책은 어떤 과정을 통해 만들어지나요?**

사회 문제 해결을 위해 국민, 정당, 시민 단체, 공무원, 전문가 등이 다양한 정책을 만들어요. 국가기관은 그 정책을 받아들여 관련된 계획을 세우고 실천해요. 이후 정책의 효과를 살펴보고 다듬거나 새롭게 만들기도 해요.

✔ **정책은 우리 생활에 어떤 영향을 주나요?**

정책이 결정되어 실천되면 당장 내일부터 생활에 변화가 일어날 수 있어요. 예를 들어 미래 사회를 위한 교육 정책 중 하나로 학교에서 스마트 기기를 활용한 수업이 진행되고 있어요.

✔ **국민들이 정책을 만들 수도 있나요?**

정책은 정치인과 정당에서만 만드는 것은 아니에요. 과거에는 국민들이 정책을 만드는 과정에 직접 참여하는 것이 어려웠지만 지금은 국민 누구나 그 과정에 참여할 수 있어요. 정책에 내 의견을 반영하기 위해 설문 조사 참여, 국민 청원, 공청회 참여, 시민 단체 활동 등을 할 수 있어요.

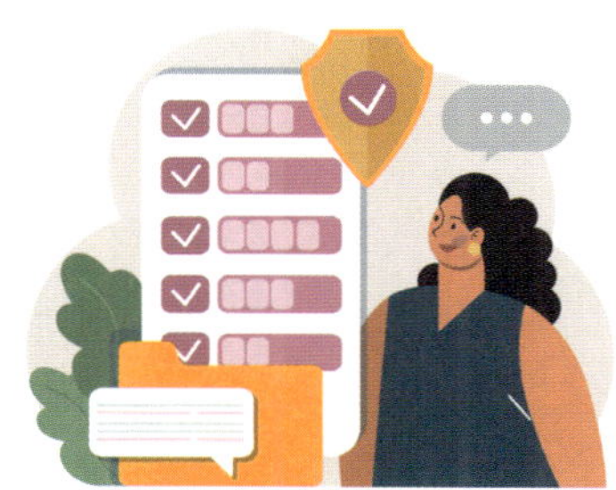

실생활 개념어 활용 문장 학생들의 스마트폰 중독 문제를 해결하기 위해 새로운 **정책**이 필요해.

나만의 말로 표현해보기

선거

하위어 직선제, 간선제

교과서에서는? 민주주의 국가에서 선거 참여는 국민의 중요한 권리입니다.

어떤 모임이나 단체, 지역이나 나라 등에서 대표가 될 사람을 뽑는 일을 **선거**라고 해요. 선거는 자신이 대표로 뽑고 싶은 사람에게 표를 던지는 투표를 통해 이뤄져요.

❓ 궁금해요

✓ 선거를 통해 뽑는 대표들은 누가 있나요?

학교에서는 선거를 통해 학급 회장이나 부회장, 전교 회장이나 부회장을 뽑아요. 사회에서는 일정한 나이(18세)가 지나면 선거를 통해 대통령, 국회의원, 시장, 도지사, 구청장 등 지방 자치 단체장을 대표로 뽑을 수 있어요.

✓ 선거할 때 지켜야 할 4가지 원칙(기본 규칙)은 무엇인가요?

보통 선거	평등 선거	직접 선거	비밀 선거
일정한 나이가 되면 누구나 선거를 할 수 있어요.	누구나 똑같이 한 표씩만 투표할 수 있어요.	다른 사람 대신 투표를 해 줄 수 없고 자기가 직접 투표해야 해요.	누구를 뽑았는지 다른 사람에게 묻거나 말하지 않아야 해요.

✓ 선거의 원칙이 지켜지지 않았던 경우도 있었나요?

안타깝게도 과거에 선거의 원칙이 지켜지지 않았던 경우가 있었어요. 투표한 종이를 바꿔치기하거나 여럿이 함께 투표하여 누구를 뽑았는지 지켜보게 하는 일들이 있었다고 해요. 이렇게 원칙에 어긋난 선거를 부정不正 아니 부, 바를 정: 바르지 않은 선거라고 불러요.

✓ 우리나라에서는 선거의 원칙이 지켜질 수 있도록 어떤 노력을 하고 있나요?

우리나라는 자유롭고 올바른 선거가 치러질 수 있도록 관리하기 위해 선거관리위원회를 만들었어요. 선거관리위원회에서는 선거와 관련된 잘못된 일들이 있는지 살펴보고 바로잡는 일을 해요. 또 국민들을 위해 정치 교육을 실시하고 선거 제도와 투표 방식에 대해 연구도 해요.

(출처: 중앙선거관리위원회)

✔ 선거는 어떤 과정을 통해 이루어지나요?

선거관리위원회에서 국민들에게 어떤 역할을 할 사람을 뽑는 선거인지 알리고 선거 기간, 선거 진행 방법 등을 안내해요. 그 역할을 맡고 싶은 사람은 후보 신청을 한 후 정해진 기간 동안 자신이 얼마나 그 역할에 어울리는 사람인지 선거 운동을 통해 투표할 사람들에게 알려요. 투표에 참여하는 사람들은 정해진 날에 투표 장소로 가서 투표 종이를 받고, 내가 뽑고 싶은 후보 이름 옆에 도장을 찍어요. 투표가 끝나면 가장 많은 도장을 받은 후보가 뽑히게 돼요.

✔ 외국의 선거 방법은 우리나라와 다른가요?

많은 나라들이 선거를 통해 대표를 뽑고 있지만, 나라마다 조금씩 다른 선거 문화가 있어요.

필리핀	호주, 벨기에, 브라질, 싱가포르
투표를 마친 사람의 손톱에 잘 지워지지 않는 푸른색 잉크로 표시해요. 한 사람이 여러 번 투표하는 것을 막기 위해 이런 선거 방법을 이용해요.	의무 투표제(어떻게든 꼭 투표를 해야하는 제도)를 실시해요. 일정한 나이 이상의 시민이 투표하지 않는 경우에 벌금이 부과돼요.
코스타리카	감비아
중앙아메리카에 있는 코스타리카에서는 어린이들도 대통령 선거일에 투표할 수 있어요. 비록 연습용 선거지만 어린이들에게 투표의 중요성을 알려 주기 위해 이 방법을 사용해요.	아프리카에 있는 감비아에서는 투표용 구슬 한 개를 원하는 후보자의 사진이 붙여진 드럼통에 넣어 투표해요. 글자를 잘 모르는 사람들을 위해 이런 선거 방법을 이용해요.

실생활 개념어 활용 문장 나도 빨리 커서 대통령 선거에 참여하여 직접 투표를 해 보고 싶어.

나만의 말로 표현해보기

직선제와 간선제

直 곧을 직 選 뽑을 선 곧바로(직접) 뽑기
間 사이 간 選 뽑을 선 다른 사람을 통해 뽑기

관련 단어 민주주의, 대통령

교과서에서는? 6월 민주 항쟁 이후 대통령 선거 제도가 간선제에서 직선제로 바뀌었습니다.

모든 국민들이 직접 투표하는 것을 **직선제**라고 해요. 국민들이 직접 투표하지 않고 대신해 투표할 사람들을 먼저 뽑은 다음에 그들이 대신 투표하도록 하는 것은 **간선제**라고 해요.

❓ 궁금해요

✔ 우리나라는 어떤 방식으로 선거를 하나요?

현재 우리나라에서는 대통령을 뽑을 때 선거권이 있는 모든 국민들이 직접 투표하는 직선제를 따라요. 1987년 6월, 국민들의 민주화 요구에 따라 대통령 직선제를 실시하기로 했어요.

✔ 대통령 말고 다른 대표를 뽑을 때도 직선제를 사용하나요?

현재 우리나라에서는 대통령, 국회의원, 지방 자치 단체장(시장, 도지사, 구청장 등), 지방 의회 의원, 교육감을 직선제를 통해 뽑아요.

✔ 간선제를 이용하여 대통령을 뽑는 나라도 있나요?

간선제로 대통령을 뽑는 대표적인 나라가 미국이에요. 미국은 대통령을 뽑기 위해 2번의 선거를 실시해요. 첫 번째 선거에서는 각 주에 살고 있는 국민들이 자신들을 대표할 사람(선거인단)을 먼저 뽑아요. 그다음 2차로 선거인단이 투표하여 대통령을 뽑죠.

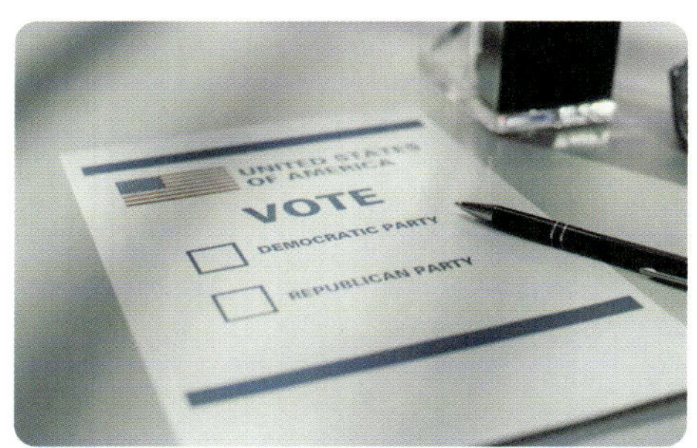

실생활 개념어 활용 문장
우리나라에서는 대통령을 뽑는 방법이 간선제에서 직선제로 바뀌었대.

나만의 말로 표현해보기

정치 8

민주적 의사 결정

意 뜻 의 思 생각 사 무엇을 하고자 하는 생각

내가 읽은 횟수

관련 단어 민주주의, 선거, 자치

교과서에서는? 의견이 달라 문제가 발생할 때 사람들의 의견을 하나로 모으려면 민주적 의사 결정 원리가 필요합니다.

여러 사람이 함께 양보하는 마음으로 대화하여 문제를 해결하는 것을 **민주적 의사 결정**이라고 해요.

? 궁금해요

✓ **의견이 하나로 정해지지 않는다면 어떻게 해야 할까요?**

양보하는 마음으로 대화를 하더라도 의견이 하나로 정해지지 않을 수 있어요. 이런 경우 '다수결의 원칙'에 따라 의견을 정하는 경우가 많아요.

✓ **다수결의 원칙은 무엇인가요?**

다수결 많은 수로 뜻을 정하는 것의 원칙은 많은 사람이 선택한 의견이 더 적은 수가 선택한 의견보다 나을 것이라고 생각하고 여러 사람이 선택한 의견으로 결정하는 방법이에요. 다수결의 원칙을 사용하면 쉽고 빠르게 의견을 정할 수 있어요.

✓ **다수결의 원칙에서 주의할 점은 무엇인가요?**

최선의 선택을 하기 위해 충분한 대화와 토론의 과정을 거쳐야 해요. 그 과정에서 적은 수가 선택한 의견도 존중되어야 한답니다.

✓ **민주적 의사 결정을 실천한 인물이 있나요?**

비폭력 대화로 세상을 바꿔 나간 마하트마 간디는 민주적 의사 결정을 직접 실천한 인물이라고 할 수 있어요.

실생활 개념어 활용 문장	학급의 날에 어떤 활동을 할지 민주적 의사 결정을 통해 정했어.

나만의 말로
표현해보기

국민 주권

主 주인 주 權 권세 권 주인으로서 나라의 일을 결정하는 힘

관련 단어 민주주의, 선거, 민주공화국, 헌법

교과서에서는? 나라의 중요한 일을 결정하는 최고의 권력을 국민 주권이라고 합니다.

국가의 주인인 국민이 나라의 중요한 일을 스스로 결정할 수 있는 권리를 **국민 주권**이라고 해요.

❓ 궁금해요

✓ 국민 주권은 어떻게 쓸 수 있어요?

국민이 주권을 쓰는 가장 대표적인 방법은 선거예요. 선거에서 투표를 통해 내 선택을 대신해 줄 대표를 뽑아 주권을 사용할 수 있어요. 또, 다양한 정치 활동(캠페인, 집회, 서명 운동, 공청회 등)에 참여하는 것도 국민 주권을 사용하는 방법이에요.

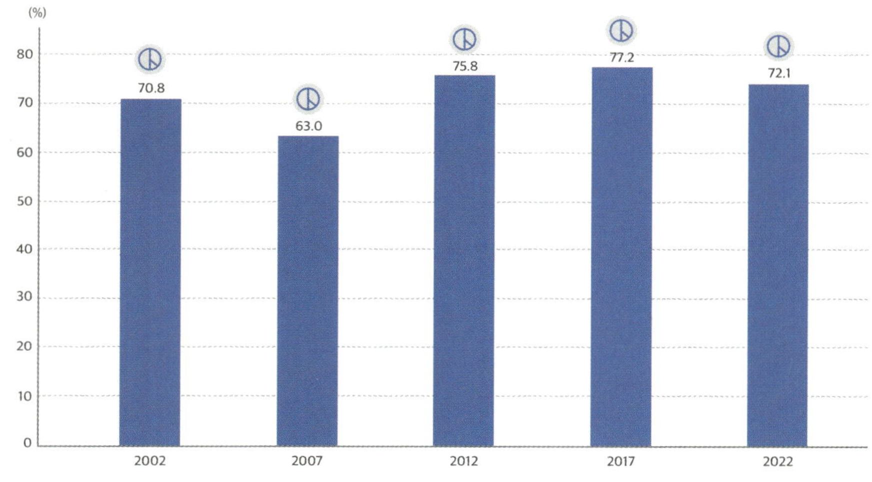

(출처: 대통령 선거 투표율 변화, KOSIS 통계놀이터)

✓ 국민 주권이 지켜지지 않으면 국민들의 삶이 어떻게 달라지나요?

국민 주권은 헌법에서 보장하고 있어서 다른 사람이나 국가가 함부로 할 수 없어요. 하지만 만약 국민 주권이 지켜지지 않는다면 국민들이 자기 생각을 자유롭게 표현하지 못할 수 있어요. 또, 뉴스나 신문에서 사실이 아닌 정보가 전달되어 국민들이 혼란스러워질 수도 있죠.

실생활 개념어 활용 문장 시민들이 광장에 모여 국민 주권을 되찾게 해 달라고 큰 목소리로 외쳤어.

나만의 말로 표현해보기

민주공화국

내가 읽은 횟수

관련 단어 헌법, 민주주의, 국민 주권, 대통령

교과서에서는? 대한민국은 민주공화국입니다.

주권이 국민에게 있고 국민이 선거로 뽑은 대표를 통해 관리되는 나라를 **민주공화국**이라고 해요.

? 궁금해요

✓ 우리나라는 민주공화국인가요?

대한민국 헌법 제1조를 살펴보면 우리나라는 민주공화국이라고 나와 있어요. 실제로 우리나라는 국민에게 주권이 있고(민주주의) 국민들이 참여하는 선거를 통해 대통령을 뽑아 운영하는 나라(공화국)이기 때문에 민주공화국이라고 할 수 있어요.

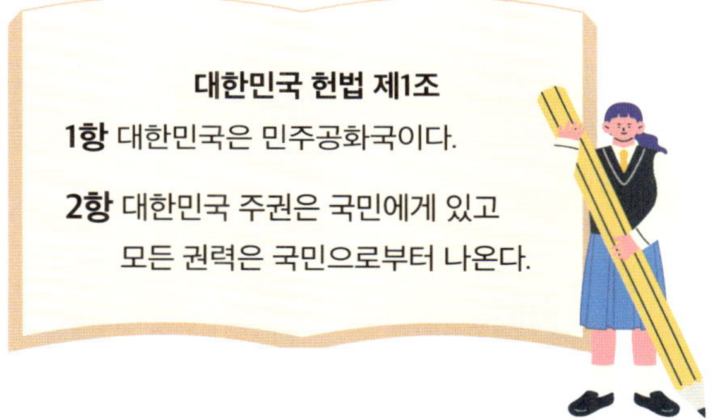

✓ 우리나라는 언제부터 민주공화국이 되었나요?

대한민국은 한반도에 최초로 세워진 민주공화국이에요. 대한민국 정부가 수립된 날인 1948년 8월 15일부터 지금까지 6번 변화한 모습으로 공화국이 이어져 오고 있어요.

✓ 민주공화국으로 운영되는 다른 나라도 있나요?

우리나라뿐만이 아니라 세계의 많은 나라들이 민주공화국 형태로 운영되고 있어요. 대표적으로 미국, 프랑스, 이탈리아, 덴마크, 독일 등이 있어요. 어떤 나라들은 나라 이름에 '민주공화국'이라는 말을 쓰지만 실제로는 국민들의 자유를 막는 나라들도 있답니다.

실생활 개념어 활용 문장	대한민국은 1948년부터 민주공화국이야.
나만의 말로 표현해보기	

헌법

관련 단어 민주주의, 국민 주권, 민주공화국, 대통령, 법원, 기본권, 국민의 의무

교과서에서는? 헌법을 바탕으로 여러 법이 만들어집니다.

여러 가지 법들의 기본이 되는 가장 중요한 법을 **헌법**이라고 해요.

? 궁금해요

✓ 헌법이 가장 중요한 법인 이유는 무엇인가요?

헌법은 다른 법의 기본이 되는 법이에요. 다른 법들을 만들 때 헌법의 내용을 바탕으로 만들어요. 나머지 법이 헌법의 내용에 맞지 않으면 그 법은 쓸 수 없어요.

✓ 우리나라 헌법의 내용은 무엇인가요?

대한민국 헌법은 전문과 본문 총 10장 130조, 부칙보충하기 위하여 덧붙인 규칙 6개 조로 되어 있어요. 헌법에는 나라를 어떻게 꾸려 나갈지, 국민은 어떤 행동을 해야 하고 어떤 권리를 보호받을 수 있는지 등의 내용이 적혀 있어요.

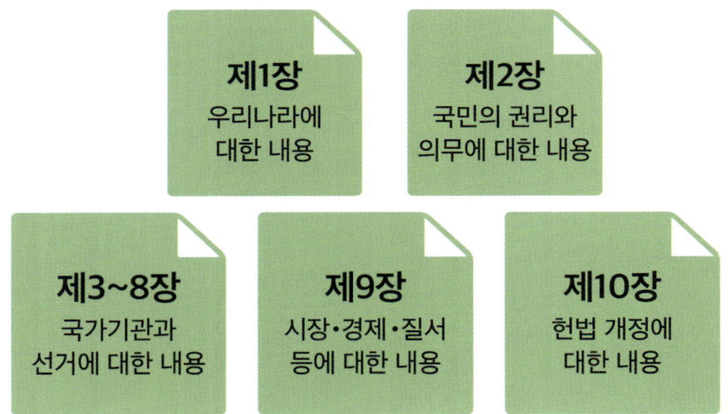

✓ 우리나라 헌법은 누가 만들었나요?

우리나라 최초의 국회의원들이 헌법을 만들었어요. 우리는 이 국회의원들을 제헌制憲 정할 제, 법 헌: 법을 만든 의원이라고 해요.

NOTES

대통령 취임사에도 헌법이?

대통령이 역할을 시작하는 첫날,
모든 국민들 앞에서 헌법을 지키겠다고 약속해요.

헌법 재판소는 무슨 일을 하나요?

헌법 재판소는 헌법과
관련된 다툼을
재판하는 곳이에요.
아홉 명의 헌법 재판관이
재판을 해요.

헌법

헌법 이야기

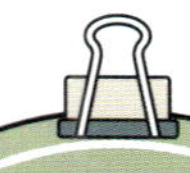

매년 7월 17일은 무슨 날인가요?

7월 17일은 우리나라에서
헌법이 만들어져 처음
세상에 알려진 날이에요.
이날을 '제헌절'이라고
불러요.

국가가 국민의 권리를 침해한다면?

헌법 재판소에서 재판을 해요.
이 과정을 헌법 소원 법으로 문제를
바로잡아 주기를 원함 이라고 해요.

법률이 헌법의 내용에 어긋난다면?

헌법 재판소에서 자세하게 조사하여
재판해요. 이 과정을 위헌법률
심판 헌법에 어긋나는 법인지 조사하고
판단하는 것 이라고 해요.

실생활 개념어 활용 문장	제헌절에는 헌법의 의미를 생각해 보며 태극기를 달아야 해.
나만의 말로 표현해 보기	

법

하위어 헌법 **관련 단어** 법원

교과서에서는? 법은 사람들이 일상생활을 하면서 지켜야 하는 행동의 기준이 될 수 있습니다.

모든 국민들이 꼭 지켜야 하며 지키지 않으면 벌을 받게 되는 규칙을 **법**이라고 해요.

? 궁금해요

✓ 우리나라의 법에는 무엇이 있나요?

우리나라 법은 헌법, 법률·조약, 대통령령, 총리령·부령, 행정규칙·자치법규로 나누어져 있어요.

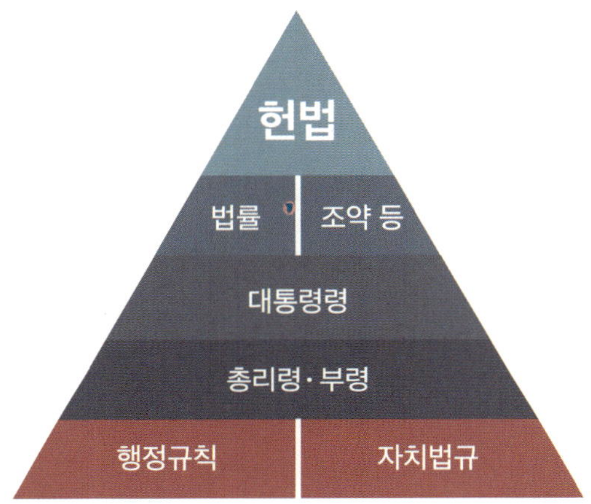

✓ 법을 지키지 않으면 어떤 처벌을 받게 되나요?

법을 지키지 않으면 그에 따른 책임을 져야 해요. 법을 어긴 사람은 벌금을 내거나 신체의 자유를 누리지 못할 수도 있어요.

✓ 법을 확인하려면 어떻게 해야 하나요?

법은 법전에 기록되어 있어요. 최근에는 국가법령정보센터 law.go.kr 에서 쉽게 법의 자세한 내용을 찾아볼 수 있답니다.

실생활 개념어 활용 문장	우리가 초등학교에 다니는 이유는 **법**에서 반드시 교육을 받도록 정해 놓았기 때문이야.
나만의 말로 표현해보기	

권력 분립

分 나눌 분 立 설 립 나누어 세우기

하위어 국회, 행정부, 법원   **관련 단어** 대통령

교과서에서는? 우리나라에서는 국회, 행정부, 법원이 국가 권력을 나누어 맡고 있습니다.

국가의 권력이 한쪽에 치우치지 않게 나누는 것을 **권력 분립**이라고 해요.

? 궁금해요

✓ 권력은 누가 나누어 갖나요?

국가의 권력은 국회(입법부), 행정부, 법원(사법부) 이 세 가지 기관에서 나누어 가져요. 세 가지 기관에서 권력을 나누어 갖기 때문에 '삼권 분립'이라고도 불러요.

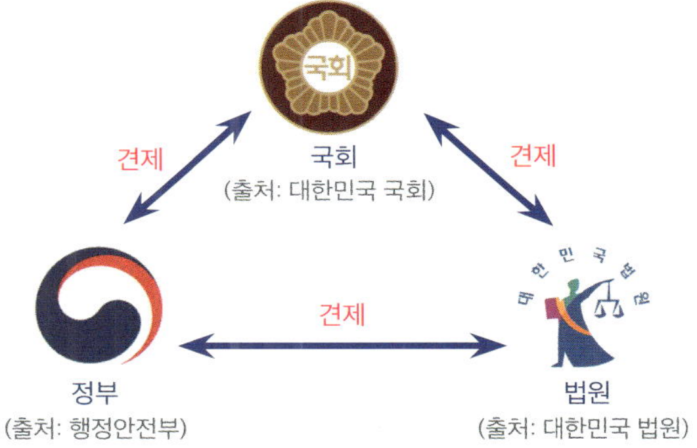

✓ 권력을 나누어 갖는 이유는 무엇인가요?

민주 국가에서는 국가의 주인이 국민이기 때문에 힘을 가진 사람들이 국가의 주인이 될 수 없도록 권력을 나누었어요. 세 개의 기관은 각자 역할을 나눈 후, 서로가 법에 따라 운영하는지 지켜보며 권력의 균형을 잡아요.

✓ 헌법 속에 권력 분립은 어디에서 찾을 수 있나요?

대한민국 헌법에 권력 분립의 원리에 관한 내용이 있습니다.

> 제40조. 입법권은 국회에 속한다.
> 제66조. ④ 행정권은 대통령을 수반으로 하는 정부에 속한다.
> 제101조. ① 사법권은 법관으로 구성된 법원에 속한다.

실생활 개념어 활용 문장   국민의 생명과 자유를 보호하기 위해서는 **권력 분립**이 잘 지켜지는지 살펴봐야 해.

나만의 말로 표현해보기

정치 14

국회

國 나라 국 會 모일 회

비교 단어 행정부, 법원   관련 단어 선거

교과서에서는? 국회는 법을 만들고 행정부가 일을 잘하고 있는지 지켜봅니다.

국민들이 뽑은 지역의 대표들이 모인 곳으로 나라의 법을 만드는 기관을 **국회**라고 해요.

? 궁금해요

✔ 국회에서 일하는 국민의 대표는 누구인가요?

국회에서 일하는 국민의 대표를 국회의원이라고 불러요. 4년마다 한 번씩 열리는 국회의원 선거를 통해 우리 지역의 대표를 뽑아요. 우리나라가 만들어진 후 국회의원의 수는 가장 적을 때에는 175명이었고, 요즘에는 300여 명의 국회의원이 일하고 있어요.

✔ 국회에서는 무슨 일을 하나요?

국회는 법을 만들어요. 또 법을 고치거나 없애는 일도 한답니다. 국회에서는 국민들이 낸 세금을 어떤 일에 얼마를 쓸지도 결정해요

✔ 국회의원들이 일하는 곳은 어디인가요?

국회의원들은 국회의사당에서 일해요. 국회의사당은 1975년에 세워졌고 서울특별시 영등포구 의사당대로 1에 위치해 있답니다.

✔ 국회에서 어떻게 법이 만들어지나요?

법을 만들기 전에 국회의원들이 법안^{법으로 만들기 위해 세우는 계획}을 만들어요. 그 다음 법안에 대한 다양한 이야기를 나누죠. 그 후 모든 국회의원들이 법안을 법으로 만들지 투표를 해요. 투표에서 법안이 통과되면 법안은 법으로 만들어진 후 실시가 된답니다.

NOTES

우리나라 최초의 여성 국회의원은 누구?

1949년에 당선된 임영신 전 국회의원이에요.
2024년, 22대 국회의원 선거에서는
60명의 여성 국회의원이 당선되었어요.

우리 지역을 대표하는 국회의원은 누구?

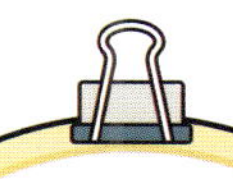

누리집에서 우리 지역을 대표하는
국회의원을 검색할 수 있어요.

**국회의원을 할 수
있는 사람은 누구?**

18세 이상의 대한민국
국민이에요. 하지만 일정
수준 이상의 범죄를
저지른 사람은 후보가
될 수 없어요.

국회 이야기

**국회의원이 되면
특별한 혜택은?**

국민의 대표로 일하는
4년 동안 현행범이 아니면
국회의 허락 없이는 체포
되거나 감옥에 가지
않아요.

비례대표는 누구인가요?

정당(정치에 관해 같은 생각을 가진 사람들이 함께 만든 모임)이 선거에서 받는 표의 수에
따라 뽑히는 국회의원이 비례대표에요. 선거에서 많은 표를 받은
정당에게는 더 많은 수의 비례대표 국회의원 의석수가 주어져요.

**실생활 개념어
활용 문장** 우리 생활에 필요한 법은 국회에서 만들어지고 있어.

**나만의 말로
표현해보기**

행정부

하위어 대통령　**관련 단어** 국회, 법원, 정책

교과서에서는? 행정부는 국가의 살림을 도맡아 하는 기관입니다.

법에 따라 나라의 재산을 관리하고 살림을 하는 국가기관을 **행정부**라고 해요. 보통 정부라고 불러요.

❓ 궁금해요

✔ 행정부는 어떻게 이루어져 있나요?

행정부는 대통령, 국무총리, 국무 회의, 행정 각부로 구성되어 있어요.

대통령	국가를 대표하는 사람으로서 국가의 중요한 일을 결정해요. 행정부 최고 책임자예요.
국무총리	대통령을 도와서 여러 부서를 이끄는 사람으로 대통령이 없을 때 역할을 대신해요.
국무 회의	행정부의 여러 계획과 실천 방법에 대해 회의해요. 국무 회의의 대표는 대통령, 부대표는 국무총리예요.
행정 각부	국무 회의에서 논의하고 결정한 내용을 실천해요. 행정 각부의 대표는 장관이에요.

✔ 행정부는 어떻게 운영되나요?

행정부는 행정부의 최고 책임자인 대통령의 지시에 따라 움직여요. 행정 각부는 나라의 문제 해결을 위해 서로 도우며 일하고, 국민들에게 필요한 정책을 만들고 실행해요. 행정부를 잘 운영하기 위해서는 나라의 주인인 국민들이 어떤 어려움을 겪는지 살펴보고 국민들이 원하는 바를 잘 담아 정책을 실천해야 해요.

✔ 행정 각부가 하는 일은 무엇인가요?

나라가 잘 돌아가게 하기 위해서는 해야 할 일이 아주 많아요. 그래서 행정 각부에서 해야 할 일을 나누어 진행하고 있어요. 행정 각부의 이름이나 개수는 조금씩 달라지기도 해요.

NOTES

국민을 보호하고 범죄를 미리 막기 위한 정책을 만들고 실천하는 곳은?	나라가 잘 살 수 있도록 경제 정책을 세워 실천하고 관리하는 곳은?	교육에 관한 정책을 세우고 실천하는 곳은?

법무부	**기획재정부**	**교육부**
남북문제를 연구하며 남북 평화 및 통일 정책을 만들고 실천하는 곳은?	군대와 관련된 정책과 군사 작전을 세우고 실천하는 곳은?	우리나라의 산업을 발전시키기 위해 무역과 관련된 일을 하는 곳은?

통일부	**국방부**	**산업통상자원부**
다른 나라들과 잘 지낼 수 있도록 정책을 만들고 실천하는 곳은?	국민 모두가 건강하고 사람답게 살 수 있도록 정책을 만들고 실천하는 곳은?	새로운 사업이나 작은 기업이 성장할 수 있도록 돕는 곳은?

외교부	**보건복지부**	**중소벤처기업부**

우리 지역에 새로운 도로를 만드는 일은 행정부가 담당하고 있어.

정치 16

대통령

관련 단어 민주주의, 정당, 선거, 직선제, 간선제, 민주공화국, 헌법, 권력 분립

교과서에서는? 국민이 뽑은 대통령은 행정부를 대표하는 사람입니다.

나라를 대표하고 가장 높은 자리에서 행정부를 이끌어 가는 사람을 **대통령**이라고 해요.

? 궁금해요

✔ **대통령은 누가 될 수 있나요?**

대통령 선거에 나가려면 5년 이상 대한민국에서 살아야 하고 나이가 40세 이상이어야 해요. 또 법을 어겨 큰 처벌을 받은 사람은 대통령 후보가 될 수 없어요. 선거에 나간 사람들 중에 투표를 통해 가장 많은 국민들의 선택을 받은 사람이 대통령이 돼요.

✔ **대통령은 무슨 일을 하나요?**

대통령은 우리나라 대표로서 다른 나라의 대표와 만나며 서로 도움이 되는 관계를 계속 이어 나가고자 외교 _{다른 나라와 여러 분야에서 관계를 맺음} 활동을 해요. 또 국무 회의에서 국무총리, 각부 장관들과 함께 중요한 나라 일을 결정하고 대한민국 군대를 지휘해요.

✔ **같은 사람이 여러 번 대통령을 할 수도 있나요?**

우리나라에서는 대통령으로 뽑히면 5년 동안만 일할 수 있어요. 여러 번 대통령을 할 수 없죠. 하지만 만약 헌법이 바뀌면 대통령이 일하는 기간과 횟수가 바뀔 수도 있어요.

실생활 개념어 활용 문장 어젯밤 뉴스에서 우리나라 대통령이 다른 나라 대통령과 만나는 모습을 보았어.

나만의 말로 표현해 보기

법원
法 법 법 院 집 원 법의 집

하위어 삼심 제도　**비교 단어** 국회, 행정부　**관련 단어** 법, 헌법

교과서에서는? 법원은 재판을 통해 개인 간에 일어나는 문제를 해결해 주고 법을 어긴 사람을 처벌합니다.

어떤 문제가 발생하거나 누군가 억울한 일을 당하는 경우에 법을 기준으로 재판을 하는 곳을 **법원**이라고 해요.

❓ 궁금해요

✔ 법원에서 일을 하는 사람은 누구인가요?

법원에는 판사와 법원 공무원들이 일하고 있어요. 법원 직원은 아니지만 검사, 변호사, 법무사재판에 필요한 서류를 작성하고 확인하는 일을 하는 사람, 집행관재판 결과를 실행하는 사람 등이 법원을 오가며 재판과 관련된 일을 해요.

✔ 법원에서는 무슨 일을 하나요?

사람들 사이에 어떤 문제가 발생하거나 누군가 억울한 일을 당하게 되면 재판을 해요. 이를 통해 사람들 사이의 다툼을 해결해 줌으로써 사회를 안전하게 유지할 수 있죠. 이 재판을 하는 곳이 바로 법원이에요.

✔ 법원에도 종류가 있나요?

우리나라 법원은 최고 법원인 대법원이 있고 그 밑에 고등 법원이 있어요. 고등 법원 밑에는 전국 각지에 지방 법원들이 있어요. 재판은 맨 처음 지방 법원에서 진행해요. 재판에 참여한 사람들이 그 결과를 인정하지 않는 경우 고등 법원이나 대법원까지 가서 재판을 받을 수 있어요.

그 외에도 특별한 재판을 하는 법원인 특허 법원새로운 아이디어나 디자인을 보호해 주는 법원, 가정 법원가족과 관련된 문제를 해결해 주는 법원, 행정 법원정부나 공무원과 관련된 문제를 해결해 주는 법원, 군사 법원군인들이 법을 어겼을 때 문제를 해결해 주는 법원이 있어요.

실생활 개념어 활용 문장	**법원**에서 일하고 있는 판사는 법에 따라 공정하게 재판하려고 노력해.
나만의 말로 표현해 보기	

삼심 제도

三 석 삼 審 살필 심 세 번 살핌

관련 단어 인권

교과서에서는? 삼심 제도란 하나의 사건에 대해 급이 다른 법원에서 세 번까지 재판을 받을 수 있도록 한 제도입니다.

재판을 받는 사람들에게 한 사건에 대해 지방 법원, 고등 법원, 대법원에서 재판할 수 있는 기회를 주는 제도를 **삼심 제도**라고 해요.

❓ 궁금해요

✔ 같은 법원에서 재판을 받는 건가요?

삼심 제도는 각각 다른 법원에서 진행이 돼요. 첫 번째 재판은 지방 법원, 두 번째 재판은 고등 법원, 세 번째 재판은 대법원에서 재판이 이루어져요.

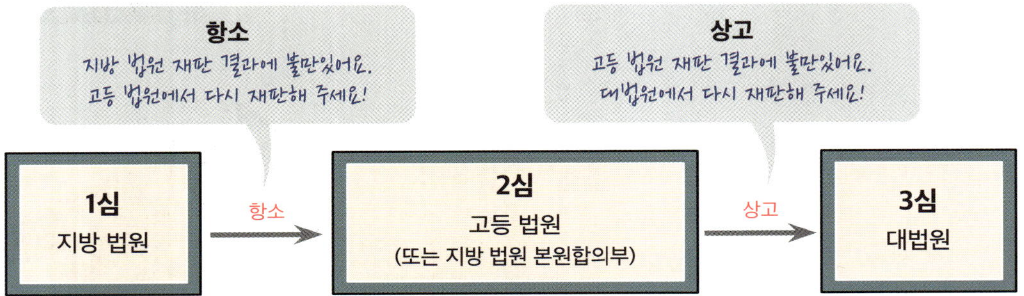

✔ 모든 사람이 3번씩 재판을 받는 건가요?

모든 사람이 재판을 3번씩 받는 것은 아니에요. 원하는 사람만 지방 법원, 고등 법원, 대법원에서 재판을 받을 수 있어요. 재판의 결과에 불만이 있는 사람이 다음 재판을 신청할 수 있어요.

✔ 모든 사건을 세 번 재판 받을 수 있나요?

어떤 재판들은 한 번 또는 두 번만 재판을 받을 수 있어요. 특히, 지방 선거^{지방 의회 의원과 시군 의장 선거} 소송^{訴訟 호소할 소, 송사할 송: 자신의 억울함을 해결하기 위해 재판을 진행해 달라고 부탁하는 것}은 두 번만 재판을 받을 수 있고, 대통령, 국회의원, 시·도지사 선거 소송은 대법원에서 한 번만 재판을 받을 수 있어요.

| 실생활 개념어 활용 문장 | 재판의 결과가 억울한 사람은 **삼심 제도**를 이용해 다시 재판을 받을 수 있어. |

| 나만의 말로 표현해보기 | |

기본권

관련 단어 국민의 의무, 자유, 평등, 헌법, 사회 보장 제도

교과서에서는? 헌법에서 보장하는 국민의 기본적인 권리를 기본권이라고 합니다.

헌법이 지켜 주는 국민의 기본적인 권리를 **기본권**이라고 해요.

? 궁금해요

✓ **기본권은 언제부터 주어지나요?**

사람이라면 누구나 태어나는 순간부터 죽는 순간까지 기본권을 가져요.

✓ **기본권이 보장하는 권리는 무엇인가요?**

우리나라 헌법에는 다섯 가지의 기본권을 보장하고 있어요.

자유권	자신의 뜻대로 자유롭게 생각하고 행동할 수 있는 권리
평등권	모든 국민이 법 앞에서 차별받지 않을 권리
참정권 參 참여할 참 政 정사 정	국가가 무언가를 결정할 때 참여할 수 있는 권리
청구권 請 청할 청 求 구할 구	기본권이 방해 받았을 때 국가에게 문제를 해결해 달라고 요구할 수 있는 권리
사회권	인간답게 살 수 있도록 국가에 요구할 수 있는 권리

✓ **생활 속에서 어떤 기본권을 누릴 수 있나요?**

누구나 자신이 원하는 곳에서 살 수 있고 자신이 하고 싶은 일을 직업으로 선택할 수 있어요. 자신이 믿고 싶은 종교를 믿을 수 있고 자신의 생각을 다른 사람들에게 자유롭게 표현할 수 있어요. 또한 누구나 교육을 받을 수 있는 권리가 있고 인간답게 살 수 있는 권리를 가져요.

실생활 개념어 활용 문장

우리가 학교에서 공부를 할 수 있는 것은 기본권 중 사회권이 지켜지고 있기 때문이야.

나만의 말로 표현해보기

인권 人 사람 인 權 권세 권 사람의 권리

하위어 기본권 **관련 단어** 자유, 평등, 삼심 제도, 사회 보장 제도, 공공 기관, 인종 차별, 난민, 내전, 국제기구, 국제 연합(UN), 비정부 기구(NGO), 세계 시민

교과서에서는? 인권은 인종, 성별, 국적, 언어, 종교, 신체의 특징 등에 관계없이 누구나 누릴 수 있는 권리입니다.

인간이 태어나면서부터 당연히 갖게 되는 인간답게 살 권리를 **인권**이라고 해요.

❓ 궁금해요

✔ **'인간답게 살 권리'란 무슨 뜻인가요?**

사람이 행복하게 살기 위해서는 누구나 차별받지 않고 자유를 누리며 건강하게 살 수 있어야 해요. 또 개인의 생활을 보호받을 수 있어야 하며 자신의 생각을 자유롭게 표현할 수 있어야 해요.

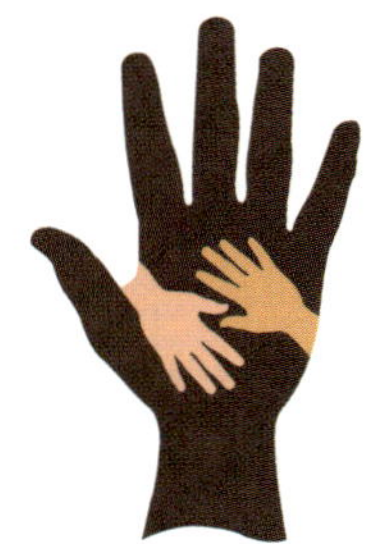

✔ **인권이 지켜지지 않는 경우도 있나요?**

우리 일상생활 속에도 인권이 지켜지지 않는 일들이 많아요. 다른 사람의 외모를 보고 평가하는 일, 남성 또는 여성이라는 이유로 차별하는 일, 친구의 허락 없이 사진을 인터넷에 올리는 일 등이 그 예시예요. 인권을 지키기 위해서는 항상 자신의 말과 행동을 돌이켜 봐야 해요.

✔ **인권을 지키기 위한 사회적인 노력에는 어떤 것이 있나요?**

우리나라에서는 인권을 지키기 위해 국가인권위원회를 만들었어요. 인권이 무시되어 피해를 입은 국민은 국가인권위원회에 도움을 요청할 수 있어요. 국가인권위원회는 관련된 내용을 조사하여 문제가 해결되도록 도움을 줘요.

(출처: 국가인권위원회)

실생활 개념어 활용 문장 나의 **인권**이 소중한 만큼 다른 사람의 **인권**도 소중히 생각해야 해.

나만의 말로 표현해보기

정치 21

사회 보장 제도

관련 단어 기본권, 인권

교과서에서는? 사회 보장 제도는 질병, 노령, 가난, 실업 등으로 어려움에 처한 사람들을 돕기 위한 제도입니다.

생활이 불안정한 국민들을 국가가 안정적으로 돌보기 위해 만든 제도를 **사회 보장 제도**라고 해요.

❓ 궁금해요

✓ 사회 보장 제도가 필요한 이유는 무엇인가요?

우리 모두는 가난하거나 몸이 아파서, 직장을 다닐 수 없게 되어서 등의 이유로 생활이 어려워질 수 있어요. 그런 어려움에 처했을 때 누구나 사람답게 살 수 있도록 지켜 주기 위해 사회 보장 제도가 필요해요.

✓ 사회 보장 제도는 어떻게 운영되나요?

사회 보장 제도의 도움을 받는 사람이 필요한 돈 중 일부를 내고 나머지는 국가가 내줘요. 어떤 경우는 모든 돈을 국가가 내기도 해요.

✓ 사회 보장 제도에는 어떤 것들이 있나요?

아프거나 다쳤을 때 병원비 일부를 대신 내주는 제도

직장을 잃었을 때 일정 기간 새 직장을 찾는데 필요한 돈을 주는 제도

몸이 불편한 어르신들을 돌봐 드리는 제도

가난한 사람들에게 생활비와 병원비 일부를 대신 내주는 제도

✓ 사회복지사는 무슨 일을 하나요?

사회복지사는 도움이 필요한 사람들이 어떤 어려움을 겪고 있는지 살펴보고, 그들이 필요한 사회 보장 제도를 잘 이용할 수 있도록 도와줘요.

실생활 개념어 활용 문장 우리나라에는 사회 보장 제도가 있어서 가난한 사람들이 걱정 없이 치료를 받을 수 있어.

나만의 말로 표현해보기

국민의 의무

관련 단어 기본권

교과서에서는? 헌법에는 대한민국 국민으로서 지켜야 할 의무를 정해 두었습니다.

대한민국 국민이라면 반드시 해야 하는 일을 **국민의 의무**라고 해요.

❓ 궁금해요

✓ **우리나라 국민이라면 지켜야 할 의무에는 무엇이 있나요?**

우리나라 헌법에는 우리나라 국민이라면 마땅히 해야 하는 일(의무)을 정해 놓았어요.

납세의 의무	국가가 잘 돌아가는 데 필요한 돈을 법이 정하는 대로 내야 하는 의무
국방의 의무	모든 국민이 나라를 지켜야 하는 의무
교육의 의무	법에서 정하는 교육을 받아야 하는 의무
근로의 의무	국가 발전과 자신의 행복을 위해 일을 해야 하는 의무
환경 보호의 의무	환경을 깨끗하게 지켜야 할 의무

✓ **여자에게도 국방의 의무가 있나요?**

국방의 의무는 우리나라 모든 국민에게 주어져요. 여자들은 원하는 경우 군대에 입대할 수 있고 전쟁 시 군대의 활동에 도움을 주는 등의 방법으로 국방의 의무를 해내야 해요.

실생활 개념어
활용 문장

많은 사람들이 일터에서 열심히 일을 하며 국민의 의무를 다하고 있어.

나만의 말로
표현해보기

자치

自 스스로 자 治 다스릴 치 스스로 다스림

관련 단어 민주적 의사 결정, 지방 자치 단체장, 지방 의회, 지역 문제

교과서에서는? 지방 자치제는 주민들이 선거를 통해 직접 뽑은 대표를 통해 그 지역의 문제를 해결하는 제도입니다.

어떤 모임이나 지역의 사람들에게 일어난 일을 힘을 모아 스스로 해결하는 과정을 **자치**라고 해요.

❓ 궁금해요

✓ 자치가 필요한 이유는 무엇인가요?

모임이나 지역의 문제 상황과 원하는 바를 잘 아는 사람들이 스스로 문제를 해결할 때 가장 좋은 해결책을 찾을 수 있기 때문이에요. 자치를 통해 자신들에게 일어난 일에 대한 해결책을 스스로 결정할 때 그 일의 결과도 잘 받아들일 수 있어요.

✓ 우리 생활 속 자치 활동에는 무엇이 있나요?

학급 자치	학교 자치	주민 자치	지방 자치
			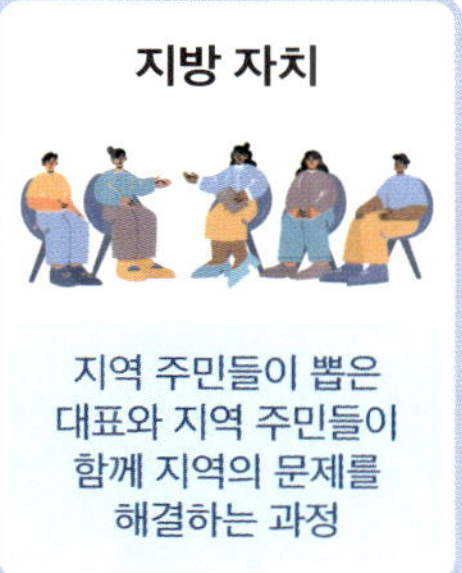
한 교실에서 같이 공부하는 학생들이 스스로 학급의 문제를 해결하는 과정	학교에서 함께 일하고 생활하는 사람들이 스스로 학교의 문제를 해결하는 과정	동네 주민들이 스스로 동네의 문제를 해결하는 과정	지역 주민들이 뽑은 대표와 지역 주민들이 함께 지역의 문제를 해결하는 과정

✓ 퍼실리테이터를 아나요?

회의나 교육 따위의 진행이 원활하게 이루어지게 돕는 역할을 하는 퍼실리테이터는 공동체의 문제 해결을 돕는 일을 해요. 자치의 과정에서 퍼실리테이터의 도움을 받으면 보다 쉽게 의견을 나누고 문제 해결을 할 수 있어요.

실생활 개념어 활용 문장 우리 학교 학생회에서는 자치 활동을 통해 여러 문제를 해결하고 있어.

나만의 말로 표현해보기

지방 자치 단체장

내가 읽은 횟수 ☐ ☐ ☐

비교 단어 지방 의회   관련 단어 선거, 자치, 공공 기관, 지역 문제   교과서에서는? 어떤 지역에 사는 사람들이 선거를 통해 직접 뽑은 지방 의회 의원과 지방 자치 단체장을 통해 지역을 운영하는 것을 지방 자치제라고 합니다.

지역의 발전을 위해 일하는 지방 자치 단체의 대표를 **지방 자치 단체장**이라고 해요.

❓ 궁금해요

✓ 지방 자치 단체는 무엇인가요?

지역에 사는 주민들과 주민들이 뽑은 대표가 어떤 일을 정하고 살림을 꾸려 나가는 것을 말해요. 우리나라의 지방 자치 단체는 크게 '특별시·광역시·특별자치시·특별자치도·도'로 나뉘고 작게는 '시·군·구'로 나뉘어요.

✓ 지방 자치 단체장의 종류에는 무엇이 있나요?

지방 자치 단체장은 지역의 규모와 인구수에 따라 부르는 이름이 달라요.

지역	지방 자치 단체장
특별시	특별시장
광역시	광역시장
특별자치시	특별자치시장
도	도지사
특별자치도	특별자치도지사
시	시장
구	구청장
군	군수

✓ 지방 자치 단체장을 뽑는 이유는 무엇인가요?

지역에 사는 사람들 모두가 직접 지역의 일을 챙기고 정하는 것이 어렵기 때문에 그 일을 맡아서 할 대표를 뽑아요. 지역의 대표를 뽑는 선거를 지방 선거라고 불러요.

실생활 개념어 활용 문장   우리 지역에서는 시장님이 지방 자치 단체장이야.

나만의 말로 표현해 보기

지방 의회

내가 읽은 횟수 ☐ ☐ ☐

비교 단어 지방 자치 단체장   관련 단어 선거, 자치, 지역 문제

교과서에서는? 주민들이 뽑은 대표들이 지역의 중요한 일을 지방 의회에서 결정합니다.

지방 자치 단체에서 의견을 결정하기 위해 회의하고 결정하는 곳을 **지방 의회**라고 해요.

❓ 궁금해요

✔ **지방 의회가 하는 일은 무엇인가요?**
- 지역 주민들의 생활을 살피고 어려운 점은 없는지 이야기를 들어요.
- 지역의 중요한 일에 대해 이야기를 나누고 정책을 결정해요.
- 지역 살림살이에 필요한 돈이 계획에 맞게 잘 쓰이는지 살펴봐요.
- 시·도청과 교육청이 일을 잘 해 나가고 있는지 살펴봐요.
- 지역을 위한 일들이 잘 진행되고 있는지 점검해요.
- 지역 상황에 맞는 조례^{지방에 관한 법}를 만들거나 고쳐요.

✔ **지방 의회에서 일하는 사람은 누구인가요?**
지방 의회에서는 지방 의회 의원이 일을 하고 있어요. 지역 주민들은 4년에 한 번씩 선거를 통해 지방 의회 의원을 뽑아요.

✔ **지방 의회와 지방 자치 단체의 차이점은 무엇인가요?**
지역 주민들을 위하여 계획을 수립하고 실천하는 일은 지방 자치 단체가 맡아요. 지방 의회는 지방 자치 단체가 일을 잘하고 있는지 지켜보고 지역의 상황에 맞는 조례를 만들고 고쳐요. 두 기관은 지역의 살림을 잘 운영하기 위해서 힘을 모아야 해요.

실생활 개념어 활용 문장 | **지방 의회**에서 이번에 우리 지역 주민들을 위한 체육관을 어디에 만들지 정했어.

나만의 말로 표현해보기 |

공공 기관

☆ 여럿 공 共 함께 공 여러 사람이 함께 이용하는 것

관련 단어 지방 자치 단체장, 정책, 인권, 중심지

교과서에서는? 공공 기관은 주민이 안전하고 편리하게 지낼 수 있도록 여러 가지 일을 합니다.

한 사람이 아니라 지역의 많은 사람들에게 도움을 주기 위해서 만든 곳을 **공공 기관**이라고 해요.

? 궁금해요

✓ **공공 기관에는 어떤 것들이 있나요?**

우리가 자주 접할 수 있는 공공 기관에는 학교, 도서관, 경찰서, 소방서, 우체국, 보건소, 박물관, 행정 복지 센터 등이 있어요.

✓ **공공 기관은 어떻게 운영되나요?**

공공 기관은 일반적으로 국가나 지방 자치 단체가 만들고 세금 나라 살림을 위해 국가가 국민에게서 걷는 돈과 국가 예산 어떤 일을 하는데 필요한 돈을 미리 계산해 계획하는 것으로 운영해요. 개인이 세운 학교나 특정 단체가 운영하는 병원처럼 어떤 경우에는 개인 또는 단체가 국가의 돈을 지원받아 공공 기관을 만들고 운영하기도 해요.

✓ **공공 기관에서 일하는 사람은 누구인가요?**

국가나 지방 자치 단체가 운영하는 공공 기관에서는 주로 공무원들이 일하고 있어요. 또 공무원을 돕는 사람들도 함께 일하고 있어요. 공공 기관의 종류에 따라 사람들은 각기 다른 일을 해요.

✓ **공공 기관은 주로 어디에 있나요?**

공공 기관은 많은 사람들이 이용할 수 있도록 지역의 중심지나 교통이 편리한 곳에 위치해 있어요. 어떤 경우에는 공공 기관이 먼저 만들어지고 난 후 사람들이 모여들어 그곳이 지역의 중심지가 되기도 해요.

시청·구청 / 도청·군청

지역에 사는 사람들이 보다
나은 삶을 살 수 있도록 교통, 환경,
교육, 안전 등에 대한 계획을 세워
실천해요. 또 주민들의 생활에
필요한 일을 대신 해 주거나 도와줘요.

행정 복지 센터

필요한 서류글자로 기록한 종이를 받을 수 있
고 생활에 필요한 서비스를 신청할 수 있어
요. 출생신고아기가 태어났을 때 그 사실을 알리
는 것, 전입신고이사할 때 그 사실을 알리는 것,
신분증 발급 등 다양한 일을 처리해요.

교육청

지역 주민들의 교육과 관련된
일을 하는 곳이에요. 지역의 교육 정책을
만들고 사람들이 좋은 교육을 받을 수
있도록 도와줘요.

보건소

질병을 예방하고 사람들의 건강을
지키기 위한 일을 하는 곳이에요.
예방 접종 및 건강 검진을
받을 수 있어요.

세무서

세금과 관련된 다양한 일을
하는 곳이에요. 사람들이 정직하게
세금을 잘 내고 있는지 살피고
세금 관련 상담도 해 줘요.

관광 안내소

그 지역을 여행하는 사람들에게
도움이 될만한 정보와
편리한 서비스를 제공하기
위한 곳이에요.

종합 사회 복지관

지역 사람들이 행복하게 살 수 있도록
다양한 서비스를 제공하는 곳이에요.
예술·운동 등의 수업도 들을 수 있고
복지관 시설도 이용할 수 있어요.

청소년 문화의 집

지역 청소년들이 다양한 서비스를
이용할 수 있는 곳이에요. 동아리 활동,
체험 활동을 할 수도 있고, 원하면
봉사 활동에 참여할 수도 있어요.

실생활 개념어 활용 문장 나는 **공공 기관**인 도서관과 우체국에 들러 책을 빌리고 택배도 보냈어.

나만의 말로 표현해보기

지역 문제

관련 단어 지방 자치 단체장, 지방 의회, 자치

교과서에서는? 지역 문제에는 환경 오염 문제, 소음 문제, 시설 부족 문제 등이 있습니다.

지역에서 일어나는 다양한 문제를 **지역 문제**라고 해요.

? 궁금해요

✓ 지역 문제는 어떻게 나눌 수 있나요?

지역 문제는 같은 지역에 사는 사람들 사이에서 일어나는 문제와 서로 다른 지역에 사는 사람들 사이의 문제로 나눌 수 있어요.

같은 지역에 사는 사람들 사이에서 일어나는 문제

다른 지역에 사는 사람들 사이에서 일어나는 문제

✓ 지역 문제는 왜 발생하나요?

같은 지역 안에서는 문제를 해결하는 방법이나 생각이 서로 달라 지역 문제가 발생해요. 또 많은 사람들이 모여 살다 보니 장소나 자원물, 전기, 교통 시설 등에 한계가 있어서 지역 문제가 발생하기도 해요. 다른 지역 사람들끼리는 어떤 일에 대해 자기 지역에 더 좋은 결과가 오게 하려는 생각 때문에 지역 문제가 발생해요.

✓ 지역 문제에는 어떤 것들이 있나요?

지역 문제에는 교통 문제, 안전 문제, 주택 문제, 쓰레기 문제, 소음 문제, 시설 부족 문제, 환경 오염 문제 등이 있어요. 이러한 문제들을 해결하기 위해서는 주민들이 직접 문제 해결에 참여하는 과정(자치)을 통해 서로 의견을 나누고 해결 방법을 찾아요. 여러분이 살고 있는 지역에 대해 궁금한 점이 생기거나 생활에 불편을 느낄 때 지역 생활 불편 상담전화 120을 이용해 보세요.

실생활 개념어 활용 문장 학교 앞에 불법으로 주차된 차량이 많아 불편해. 학생들의 안전을 위해 이 지역 문제를 해결해야 해.

나만의 말로 표현해보기

미디어(매체) media

관련 단어 언론

사람들 사이에서 정보를 전달하는 역할을 하는 것을 **미디어** 또는 **매체**라고 해요.

❓ 궁금해요

✓ **미디어(매체)에는 어떤 것들이 있나요?**

그림, 신문, TV, 라디오, 전화, 책, 스마트폰, 컴퓨터, 인터넷, 영화, 메신저, SNS, 온라인 동영상 등이 있어요.

✓ **최근에 많이 이용되는 미디어(매체)는 무엇인가요?**

초등학생들은 스마트폰을 가장 많이 이용하고 있어요. 10명 중 9명이 스마트폰을 매일 사용하고 있으며 10명 중 3명은 하루 4시간 이상 스마트폰을 사용하고 있어요.

✓ **미디어(매체)의 올바른 이용 방법은 무엇인가요?**

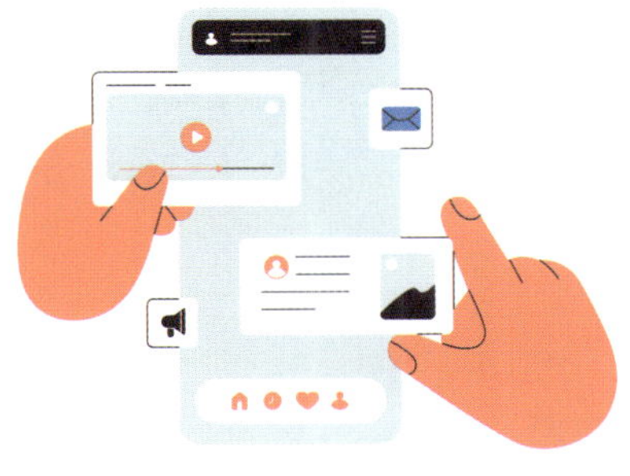

미디어는 꼭 필요할 때만 사용하고 사용 시간과 횟수를 미리 정해요.

미디어 속 정보가 믿을 만한지, 편견은 없는지 살펴봐요.

나이에 맞지 않거나 위험한 내용의 미디어는 이용하지 않아요.

미디어를 이용할 때 다른 사람에게 피해를 주진 않을지 점검해 봐요.

실생활 개념어 활용 문장   **미디어(매체)**로 필요한 정보를 얻을 때 올바른 방법으로 사용해야 해.

나만의 말로 표현해보기

언론

言 말씀 언 論 논할 논 자기 생각을 말이나 글로 발표하는 것

관련 단어 미디어(매체)

교과서에서는? 6·29 민주화 선언에는 언론의 자유 보장에 대한 내용이 포함되어 있습니다.

미디어(매체)를 통해 어떤 정보를 알리는 활동을 **언론**이라고 해요.

? 궁금해요

✓ 정보를 알릴 수 있는 사람은 누구인가요?

누구나 자신이 알리고 싶은 내용을 말이나 글 등으로 표현할 수 있어요. 특히 언론 활동을 전문적으로 하는 사람들을 언론인이라고 부르는데 기자, 아나운서, 신문·잡지 편집자, 논설위원 등이 언론인에 속해요.

✓ 언론은 사람들에게 어떤 도움을 주나요?

언론은 사람들에게 새로운 정보를 제공하여 사람들이 세상을 이해하는 것을 도와줘요. 사회에서 힘을 가지고 있는 사람들이 제대로 역할을 수행하고 있는지 국민들은 언론이 제공하는 정보를 통해 지켜볼 수 있어요.

✓ 언론은 무조건 믿어도 되나요?

언론은 여론여러 사람들의 공통된 의견을 만드는 힘이 있어요. 이 힘을 이용하고자 누군가는 알려야 할 사실을 알리지 못하게 하거나(언론 통제) 가짜 정보로 뉴스를 만들기도 해요. 따라서 언론을 통해 알게 된 정보는 꼭 사실인지 확인이 필요해요.

실생활 개념어 활용 문장 **언론**을 통해 전달되는 정보는 정확하고 믿을 만한 내용이어야 해.

나만의 말로 표현해보기

분단과 통일

分 나눌 분 斷 끊어질 단 나누어지고 끊어짐

내가 읽은 횟수

관련 단어 국민의 의무, 휴전선, 비무장 지대(DMZ), 세계 평화

교과서에서는? 남북 분단으로 인해 여러 가지 문제점이 발생하고 있어 평화적인 통일이 필요합니다.

국가가 정치적인 문제로 인해 나뉘어져 떨어지는 것을 **분단**이라고 해요. 분단되었던 국가가 하나로 합쳐지는 것을 **통일**이라고 해요.

? 궁금해요

✔ 우리나라는 언제부터 분단이 되었나요?

우리나라는 전 세계에서 대표적인 분단국가예요. 1950년 한국 전쟁이 시작되고 1953년 7월 전쟁을 잠시 멈추기(휴전)로 하면서 남과 북 둘로 나누어져 분단국가가 되었어요.

✔ 우리나라가 분단이 되면서 어떤 문제들이 생겼나요?

전쟁으로 인해 분단이 되면서 함께 살던 가족들이 서로 떨어져서 만날 수 없게 되었어요. 전쟁이 아직 끝나지 않은 휴전 상태이기 때문에 국민들은 언젠가 전쟁이 발생할 수 있다는 불안감 속에서 살아가야 해요. 또 만일에 발생할 전쟁에 대비하기 위한 국방비가 점점 늘어나고 있어요.

✔ 국방비란 무엇인가요?

다른 나라의 공격에 대비하여 국가를 지키기 위해 쓰는 돈을 국방비라고 불러요. 국방비는 매년 늘고 있고, 2024년에는 우리나라 국방비가 약 59조였다고 해요.

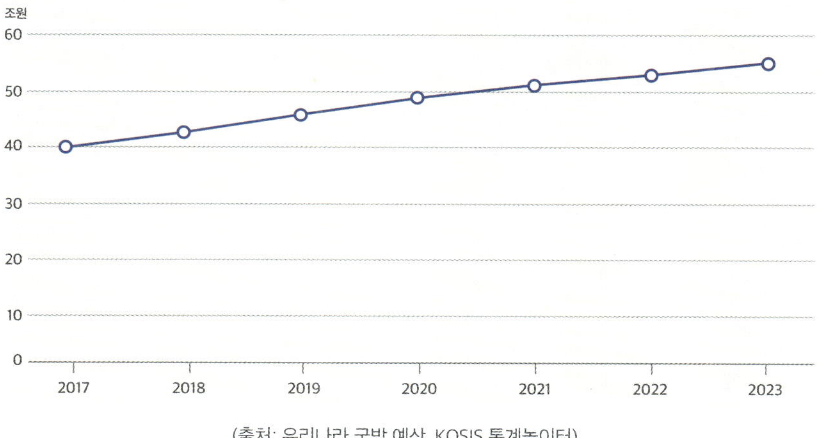

(출처: 우리나라 국방 예산, KOSIS 통계놀이터)

실생활 개념어 활용 문장 이번 올림픽에서 남한과 북한은 **분단**된 나라이기 때문에 다른 팀이 되었어. **통일**이 된다면 한 팀으로 올림픽에 나갈 수 있겠지?

나만의 말로 표현해보기

휴전선

관련 단어 분단, 통일, 비무장 지대(DMZ), 위도, 위선, 세계 평화

교과서에서는? 우리 민족은 휴전선을 사이에 두고 둘로 나눠진 상황입니다.

전쟁을 잠시 멈추기 위해 그어 놓은 선을 **휴전선**이라고 해요.

? 궁금해요

✓ 휴전선이 생긴 것은 언제인가요?

한국 전쟁은 1950년부터 시작해 약 3년간 진행되었어요. 오랜 기간 전쟁에 지친 남한과 북한은 잠시 전쟁을 멈추기로 약속했죠. 그때 정한 남한과 북한을 나누는 기준이 되는 선이 휴전선이에요. 휴전선은 군사 분계선 군대 활동의 경계를 이루는 선 이라고도 불러요.

✓ 휴전선을 지키는 사람은 누구인가요?

휴전선의 거리는 서해안과 동해안을 양 끝 지점으로 하여 238km 정도예요. 휴전선은 우리나라 군인들이 지키고 있어요. 최근에는 휴전선에서 사람이 아니라 로봇이 일을 할 수 있도록 과학 기술을 개발하고 있답니다.

✓ 38선과 휴전선은 같은 건가요?

38선과 휴전선은 서로 다른 선이에요. 38선이 먼저 생겼고 휴전선이 나중에 생겼어요. 38선은 1945년 8월 15일 우리나라 해방 이후 미국과 구소련이 북위 적도에서 북쪽으로 떨어져 있는 정도 38도선을 경계로 한반도를 나눠서 점령하기 위해 만든 선이에요. 휴전선은 한국 전쟁 이후에 생겨났어요.

실생활 개념어 활용 문장　남한과 북한은 휴전선을 사이에 두고 전쟁을 잠시 쉬고 있어.

나만의 말로 표현해보기

정치 32

비무장 지대(DMZ)

내가 읽은 횟수

관련 단어 분단, 통일, 휴전선, 세계 평화

교과서에서는? 통일이 되면 휴전선이 없어져 비무장 지대에 가볼 수도 있을 겁니다.

전쟁을 막기 위해 두 나라의 군대가 들어갈 수 없는 안전한 지역을 **비무장 지대**Demilitarized Zone라고 해요.

? 궁금해요

✓ 우리나라에 비무장 지대가 있나요?

한반도의 휴전선을 기준으로 남쪽 2km, 북쪽 2km가 비무장 지대예요. 이 공간 안에는 군대가 머무를 수 없고 무기를 놓거나 적의 공격을 피해 굴을 만드는 것 등의 군사 시설을 만들 수 없어요.

✓ 민간인 통제 구역은 무엇인가요?

비무장 지대의 바깥 선에서부터 5~20km 안의 공간을 말해요. 민간인 통제 구역에는 군사 시설이 있어 일반인들이 허락없이 들어올 수 없어요. 이곳에서는 길도우미(내비게이션)가 잘 작동되지 않고 카메라도 함부로 사용할 수 없어요.

✓ 판문점은 무엇인가요?

비무장 지대 안에는 판문점이라는 공간이 있어요. 그곳에서 1953년에 휴전을 약속하였고 그 후로는 필요한 경우 남북 대표가 회의를 하기도 했어요. 지금도 판문점에는 남한과 북한의 군대가 주둔하여 서로의 지역을 지키고 있어요.

실생활 개념어 활용 문장 비무장 지대(DMZ)에는 1953년부터 사람이 들어갈 수 없어서 멸종 위기 동물이 살고 있대.

나만의 말로 표현해보기

민족
民 백성 민 族 겨레 족

관련 단어 인종 차별, 다문화, 세계화

교과서에서는? 지구촌 갈등에는 영토, 자원, 종교, 언어, 인종, 민족 등 다양한 원인이 얽혀 있습니다.

오랜 시간 일정한 곳에서 함께 살며 같은 언어를 쓰고 문화를 서로 나누는 집단을 **민족**이라고 해요.

? 궁금해요

✓ 국민과 민족은 같은 건가요?

국민은 어떤 나라에 속한 사람을 말해요. 민족은 문화를 나누는 집단을 말하고요. 예를 들어 게르만 민족은 독일, 오스트리아, 스위스 등 여러 국가에 널리 퍼져 살고 있어요. 반면, 중국 국민은 한족, 만주족, 티벳족, 몽골족 등 다양한 민족으로 이루어져 있어요.

✓ 한민족은 무슨 뜻인가요?

우리 민족을 말하는 한민족의 '한(韓)'은 우리나라를 상징하는 한자예요. 대한민국의 '한', 한반도의 '한', 한국어의 '한'이 모두 한민족을 의미해요. 한민족은 오래전부터 한반도에 살면서 한국어를 사용하고, 쌀밥과 김치를 먹고, 효와 예를 중시하며, 한복을 입는 문화를 공유하며 살아왔어요.

✓ 같은 민족이라도 지역에 따라서 문화가 다를 수 있나요?

지역마다 김치를 담그는 방법이 다르고 한옥의 구조가 다르듯이, 자연환경이나 사회적 특성에 따라 문화는 조금씩 다를 수 있어요.

실생활 개념어 활용 문장 다양한 **민족**의 전통 의상을 보면 그들의 문화를 더 잘 이해할 수 있어.

나만의 말로 표현해보기

인종 차별

비교 단어 세계 평화   관련 단어 민족, 다문화, 세계화, 인권
교과서에서는? 간디는 인종 차별과 억압에 대해 비폭력적 방법으로 인류 평화에 이바지했습니다.

한때 인종이라는 이름으로 사람을 신체적, 사회적, 문화적 특징에 따라 나누었어요. 특정 인종에 대해 한쪽으로 치우친 생각을 가지고 차별하는 것을 **인종 차별**이라고 해요.

? 궁금해요

✓ 인종 차별의 역사적 사례에는 무엇이 있나요?

과거 미국에서는 흑인이 들어갈 수 있는 식당, 호텔 등이 정해져 있었어요. 또 남아프리카 공화국에서는 인종에 따라 사는 곳을 나눠 다른 곳에는 들어갈 수 없게 했어요. 이뿐 아니라 해변과 같은 공공장소의 출입구를 달리하는 등 백인 중심의 인종 차별이 있었어요.

흑인들은 버스에서도 맨 뒷좌석에만 앉아야 했어요.

✓ 인종 차별이 생기는 이유는 무엇인가요?

인종 차별은 자신이 속한 인종이 다른 인종들보다 우수하다는 잘못된 생각에서 생겨났어요.

✓ 인종 차별은 이제 사라졌나요?

인종 차별은 법으로 금지되어 있어요. 하지만 일부 사람들은 여전히 인종에 대한 잘못된 생각을 가지고 있어요. 그래서 지금도 인종 차별 사건이 발생하기도 한답니다. 인종 차별이 없는 세상을 만들기 위해서는 한쪽으로 기울어진 생각을 버리고 서로의 다름을 존중하는 마음을 길러야 해요.

실생활 개념어 활용 문장	우리는 모두 다른 모습과 문화를 가졌지만, 인종 차별 없이 서로를 소중히 여겨야 해.
나만의 말로 표현해보기	

난민

難 어려울 난 民 백성 민　어려움에 처해 있는 사람

비교 단어 세계 평화　**관련 단어** 내전, 국제기구, 국제 연합(UN), 비정부 기구(NGO), 인권

교과서에서는? 국제 사회는 늘어나는 난민 문제를 해결하기 위해 함께 노력해야 합니다.

내가 읽은 횟수 ☐ ☐ ☐

자신의 나라가 어렵고 위험한 상태라 다른 나라나 지역으로 가야 하는 사람을 **난민**이라고 해요.

❓ 궁금해요

✓ **난민들이 자기 나라를 떠나는 이유는 무엇인가요?**

난민들은 전쟁이나 자연재해 및 기후 변화, 가난, 성별·인종·종교 차이로 인한 위협 등의 이유로 자신이 살던 곳을 떠나게 돼요.

✓ **많은 수의 난민이 생겨난 대표적인 사건은 무엇인가요?**

시리아에서는 정치와 종교의 문제로 인해 내전^{한 나라 안에서의 전쟁}이 발생했어요. 그로 인해 많은 사람들이 목숨과 재산을 잃었고 힘든 환경 속에서 살아가야 했어요. 또 내전으로 인해 약 1200만 명 이상의 시리아 사람들이 살던 곳을 떠나 난민이 되었어요.

✓ **세계의 난민들을 도와주는 국제단체가 있나요?**

세계의 난민을 돕는 대표적인 국제단체는 유엔 난민 기구(UNHCR)예요. 전 세계 사람들의 힘을 모아 난민 문제를 해결하고자 유엔(UN)에서 1950년에 유엔 난민 기구(UNHCR)를 만들었어요. 그들은 전 세계의 난민들을 보호하고 도와주는 일을 해요.

(출처: 유엔 난민 기구)

실생활 개념어 활용 문장	**난민**이 되어 다른 나라로 가게 된 사람들에게는 다양한 도움이 필요해.
나만의 말로 표현해보기	

내전 內 안 내 戰 전쟁 전

비교 단어 세계 평화 **관련 단어** 난민, 국제기구, 국제 연합(UN), 비정부 기구(NGO), 인권

교과서에서는? 세계 곳곳에서는 내전으로 인해 고통받고 있는 사람들이 있습니다.

한 나라 안에 사는 사람들 사이에 일어나는 전쟁을 **내전**이라고 해요.

❓ 궁금해요

✔ **같은 나라 사람들끼리 전쟁을 하는 이유는 무엇인가요?**

정치에 대한 생각 차이, 종교의 차이, 가난으로 인한 불만, 민족 간의 다툼, 다른 나라의 정치 참견 등 다양한 이유로 인해 내전이 발생해요.

✔ **세계에서 최근까지 내전이 일어났던 곳은 어디인가요?**

세계에서 가장 긴 내전은 미얀마 내전이에요. 1948년부터 미얀마 정부와 소수 민족 사이에서 내전이 70년 이상 진행되고 있어요. 소말리아, 시리아, 에티오피아 등에서도 내전으로 많은 사람들이 죽거나 다쳤어요.

✔ **내전이 일어나는 곳에도 여행을 갈 수 있나요?**

우리나라에서는 국민을 보호하기 위해 여행 금지 제도를 실시하고 있어요. 이 제도에 따라 내전, 나라 간 전쟁 등으로 인해 위험한 상황인 다른 나라의 여행을 못하게 막고 있어요.

실생활 개념어 활용 문장	내전 때문에 많은 사람들이 목숨을 잃고 집을 떠나게 되었어.
나만의 말로 표현해보기	

빈곤과 기아

관련 단어 국제기구, 국제 연합(UN), 비정부 기구(NGO)

교과서에서는? 인터넷에서 빈곤과 기아에 시달리고 있는 사람들의 모습을 볼 수 있습니다.

가난하여 살기 어려운 것을 **빈곤**, 먹을 것이 없어 굶는 것을 **기아**라고 해요.

❓ 궁금해요

✓ **먹을 것이 없어 굶는 사람들이 많나요?**

유엔 식량 농업 기구(FAO)에 따르면 심각한 식량 부족에 시달리는 세계 인구는 전 세계 인구의 9% 정도라고 해요. 그들은 자연재해, 질병, 전쟁, 정치 문제 등으로 인해 음식이 부족하여 밥을 먹지 못하는 상황이에요.

✓ **세계 식량의 날은 무슨 날인가요?**

매년 10월 16일은 유엔이 정한 세계 식량의 날이에요. 이날은 세계의 식량 문제에 대해 널리 알리고 함께 문제 해결을 위해 노력하자고 알리는 날이랍니다.

✓ **빈곤과 기아로 힘든 사람들을 위해 우리가 할 수 있는 일은 무엇인가요?**

그들을 위해 장난감이나 옷, 음식 등을 직접 나누어 주거나 돈을 기부하여 도움을 줄 수 있어요. 또한 빈곤과 기아 문제에 대해 계속 관심을 갖고 주변 사람들에게도 알려서 함께 힘을 모아 도와줄 수 있어요.

✓ **국제 구호 활동가는 무슨 일을 하나요?**

전 세계의 빈곤, 기아, 재난 등의 위험에 처해 있는 사람들에게 도움을 주는 일을 해요. 사람들이 기부한 돈으로 직접 음식과 물건을 사 주기도 하고, 어려움에 처한 사람들에게 무엇이 필요한지 살펴 알맞은 도움을 줘요.

실생활 개념어 활용 문장	빈곤과 기아로 고통받는 사람들을 위해 모두가 관심을 갖고 노력해야 해.
나만의 말로 표현해보기	

세계 평화

내가 읽은 횟수

비교 단어 난민, 내전, 빈곤, 기아, 인종 차별　관련 단어 분단, 통일, 휴전선, 비무장 지대(DMZ), 국제기구, 국제 연합(UN), 비정부 기구(NGO), 세계 시민　교과서에서는? 남한과 북한이 평화롭게 통일하면 세계 평화에 도움이 됩니다.

전 세계가 서로 이해하고 싸우지 않는 평화로운 상태를 **세계 평화**라고 해요.

❓ 궁금해요

✔ **세계 평화를 위해 사람들은 어떤 노력을 하고 있나요?**
지금도 세계 곳곳에서 크고 작은 전쟁이 일어나고 있어요. 국가, 국제기구, 비정부 기구, 세계 시민들이 세계 평화의 중요성을 알리고 서로 힘을 합쳐 여러 가지 문제를 해결하려고 노력하고 있어요.

✔ **세계 평화의 날은 무슨 날인가요?**
매년 9월 21일은 유엔이 정한 세계 평화의 날이에요. 이날은 전쟁 및 폭력을 멈추고 세계 평화가 찾아오길 바라는 마음을 갖는 날이에요.

✔ **세상에서 가장 평화로운 나라는 어디인가요?**
호주의 경제·평화 연구소(IEP)에서는 매년 전 세계 163개국의 평화 수준을 평가하여 수로 나타내는 세계 평화 지수를 발표하고 있어요. 2008년부터 아이슬란드가 1위를 차지하고 있어요. 우리나라는 2024년 기준 세계 46위예요.

실생활 개념어 활용 문장　세계 곳곳에서 전쟁으로 고통받고 있는 사람들을 위해 빨리 **세계 평화**가 찾아오면 좋겠어.

나만의 말로 표현해보기

정치 39

국제기구

하위어 국제 연합(UN), 세계 무역 기구(WTO), 국제 통화 기금(IMF), 국제 협력 개발 기구(OECD)

비교 단어 비정부 기구(NGO) **관련 단어** 인권, 난민, 내전, 세계 평화, 빈곤, 기아

2개 이상의 국가들이 무엇을 이루기 위해 뜻을 모아 만든 단체를 **국제기구**라고 해요.

? 궁금해요

✓ **국제기구를 만든 이유는 무엇인가요?**

세계에서 발생하는 문제들 중 어떤 문제들은 한 나라의 힘으로만 해결할 수가 없어요. 따라서 국제기구를 만들고, 여러 나라가 힘을 모아 문제를 해결하려고 노력하고 있어요.

✓ **국제기구의 종류에는 어떤 것들이 있나요?**

세계에는 해결하고자 하는 문제의 종류에 따라 다양한 국제기구가 일을 하고 있어요. 그중 우리나라가 회원으로 가입한 국제기구도 있고, 가입하지는 않았지만 서로 영향을 주고 받는 국제기구도 있어요.

	**세계 보건 기구(WHO)** 세계인들의 건강과 전염병 문제 해결을 위해 일하는 기구 (대한민국 1949년 가입)
	**국제 원자력 기구(IAEA)** 원자력 에너지의 안전한 사용과 핵무기가 퍼지는 것을 막기 위한 기구 (대한민국 1957년 가입)
	국제 통화 기금(IMF) 세계 경제가 서로 도와주며 안정적일 수 있도록 돕는 기구 (대한민국 1955년 가입)
	**국제 올림픽 위원회(IOC)** 올림픽을 계획하고 진행하는 일을 맡아 하는 기구 (대한민국 1947년 가입)

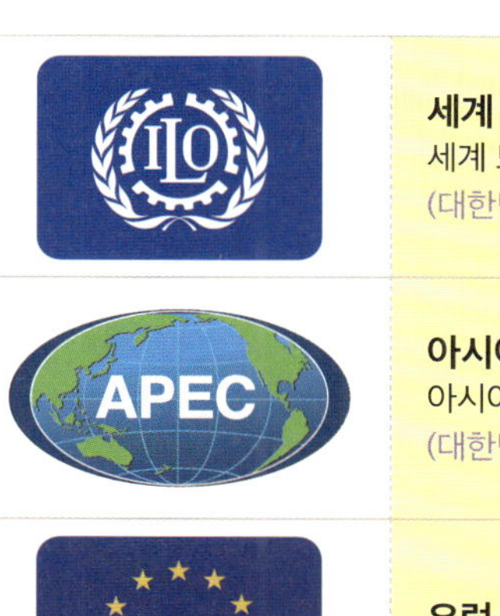

세계 노동 기구(ILO)
세계 노동자들의 권리를 지켜 주기 위해 일하는 기구
(대한민국 1991년 가입)

아시아 태평양 경제 협력체(APEC)
아시아와 태평양 지역 국가들끼리 서로 돕기 위한 기구
(대한민국 1989년 가입)

유럽 연합(EU)
유럽 국가 간 정치, 경제 부분에서 서로 돕기 위해 일하는 기구

북대서양 조약 기구(NATO)
미국, 캐나다, 유럽 국가가 힘을 모아 전쟁으로부터의 안전을
지키기 위해 돕는 기구

석유 수출국 기구(OPEC)
석유를 수출하는 나라들이 서로 도와 안정적으로 돈을
벌어들이기 위해 만든 기구

✔ **가장 많은 나라가 참여하고 있는 국제기구는 무엇인가요?**

국제기구 중에서 가장 많은 나라가 속해 있는 국제기구는 유엔(UN)이에요. 국제 연합이라고도 부르며 총 193개 나라가 가입했어요. 세계의 평화를 지키기 위해서 다양한 일을 하고 있어요.

실생활 개념어 활용 문장: 우리나라는 여러 국제기구의 회원으로 활동하고 있어.

나만의 말로 표현해보기

국제 연합(UN)

관련 단어 인권, 난민, 내전, 세계 평화, 빈곤과 기아

교과서에서는? 국제 연합은 전쟁을 막고 세계 평화를 지키기 위해 만들어진 국제기구입니다.

세계 여러 나라들이 힘을 모아 세계 평화를 위해 만든 국제기구를 **국제 연합**United Nations이라고 해요.

❓ 궁금해요

✔ 국제 연합(UN, 유엔)은 언제 만들어졌나요?

제1차 세계 대전과 제2차 세계 대전 후 많은 나라들이 세계 평화와 국제 질서가 중요하다고 생각했어요. 그 나라들이 중심이 되어 1945년 10월 24일 유엔을 만들었어요.

✔ 유엔 깃발에는 어떤 뜻이 있나요?

유엔에서 사용하는 유엔 깃발은 하늘색 바탕 가운데 하얀색으로 세계지도와 올리브 나무 가지가 그려져 있어요. 올리브 나무 가지는 평화를 의미하는데, 유엔 깃발에는 세계지도를 올리브 나무 가지가 감싸고 있어 전 세계의 평화를 지키겠다는 다짐을 표현했다고 볼 수 있어요.

✔ 유엔은 어떤 활동을 하나요?

국제 평화와 안전, 국제 협력 및 균형 있는 개발, 인권 보호, 환경 보호 등을 위해 다양한 활동을 하고 있어요. 각각의 활동들을 전문적으로 잘 해내기 위해 유엔 아래에 유니세프(UNICEF)나 세계 보건 기구(WHO) 등 여러 개의 기구를 두어 운영하고 있어요.

✔ 우리나라는 유엔과 어떤 관계인가요?

한국 전쟁 때 16개 나라가 유엔에 속한 군대를 만들어 전쟁에 참여했어요. 5개 나라가 의료 지원을, 41개 나라가 식량 제공 및 다친 사람을 치료하는 활동을 지원했어요. 우리나라는 1991년에 유엔 회원국이 되어 다른 국가들을 지원해 주고 있어요.

✔ 유엔 평화 유지군은 무엇인가요?

유엔 평화 유지군은 유엔에 속한 군대로 세계 평화를 유지하기 위하여 활동하고 있어요. 유엔 평화 유지군은 여러 국가의 군인들로 이루어져 있어요. 전쟁이 일어났거나 일어날 것 같은 경우 필요한 군사 임무, 의료 지원, 식량 제공, 부상자를 치료하는 활동을 수행해요.

✔ 유엔의 관리 아래 있는 기구에는 무엇이 있나요?

유엔 아동 기금(UNICEF, 유니세프)
어린이들이 건강하고 안전하게 자랄 수 있도록 어린이들의
건강, 교육, 영양, 안전, 인권 보호를 위해 일해요.

유엔 세계 식량 계획(WFP)
세계적으로 식량이 없어서 굶주리고 고통받는 사람들에게 빠르게
식량을 주고 식량이 계속 주어질 수 있도록 프로그램을 지원해요.

유엔 교육 과학 문화 기구(UNESCO, 유네스코)
국가 간의 교육, 과학, 문화를 서로 나누며 이 분야와 관련된
국제 사회의 협력이 잘 이루어질 수 있게 도와요.

유엔 환경 계획(UNEP)
세계 환경문제에 대해 연구해요. 또 오랫동안 계속 해 나갈 수 있는 발전과
전 세계 환경 보호를 위해 국가 간 협력이 잘 이루어질 수 있게 도와요.

✔ 한국인 최초로 유엔 사무총장 유엔을 대표하는 사람으로 일한 사람은 누구인가요?

반기문 사무총장이에요. 제8대 유엔 사무총장으로 일했어요.

실생활 개념어 활용 문장	매년 10월 24일은 유엔(UN)의 날로 유엔이 하고 있는 역할을 알리는 날이야.
나만의 말로 표현해 보기	

정치 41

비정부 기구(NGO) 非 아닐 비

비교 단어 국제기구 **관련 단어** 인권, 난민, 내전, 세계 평화, 빈곤, 기아

교과서에서는? 비정부 기구는 공공의 이익을 추구하는 시민 사회 단체입니다.

지역이나 국가, 종교 등과 관련 없이 모두의 이익을 위해 뜻을 같이하는 일반 사람들이 스스로 만든 단체를 **비정부 기구**Non Governmental Organization라고 해요.

❓ 궁금해요

✔ 비정부 기구라는 이름은 무슨 뜻인가요?

비정부 기구는 정부와 관련 없이 활동하는 단체라는 뜻이에요. 정부 기구가 아니라는 뜻이죠. 비정부 기구는 정부의 힘만으로 해결하기 어려운 세계 모든 사람들에게 연관되어 있는 문제(환경 보호, 인권 보호, 교육, 전쟁 방지 및 평화 등)를 함께 해결하기 위해 노력하고 있어요.

✔ 대표적인 비정부 기구는 무엇이 있나요?

세계 자연 기금(WWF)	국제 앰네스티(AI)
	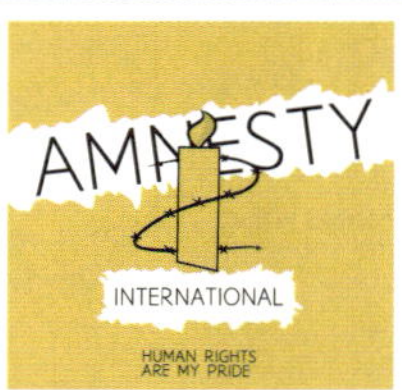
하나 뿐인 지구 환경을 지켜 나가고 인간과 자연이 함께 잘 살 수 있도록 노력하는 단체예요. 야생동물 보호, 기후 변화 캠페인 등의 활동을 해요. 그린피스(Greenpeace)도 세계 자연 기금과 같은 활동을 해요.	세계 최대의 인권 단체예요. 세계 각지에서 인권 침해 문제를 조사하여 해결될 수 있도록 도와줘요. 또 인권 문제를 널리 알리는 캠페인을 진행하기도 해요.
핵무기 폐기 국제 운동(ICAN)	국경 없는 의사회(MSF)

핵무기의 피해에 대해 알리고 핵무기를 없애기 위해 다양한 활동을 하는 단체예요. 핵무기 없는 세상을 만들기 위해 노력하고 있어요.	전 세계에서 전쟁이 일어나는 지역, 재난이 일어나는 지역, 아플 때 치료를 받기 어려운 지역에서 활동하는 단체예요. 아픈 사람을 치료해 주고 필요한 사람들에게 예방 접종 및 건강에 대한 교육도 해 줘요.

✔ 노벨 평화상을 받은 비정부 기구가 있나요?

매년 세계 평화에 도움을 준 사람이나 단체에게 노벨 평화상이 주어져요. 비정부 기구 중에서도 노벨 평화상을 받은 단체가 있어요.

1977 국제 앰네스티(AI)　　　　**1985** 핵전쟁 방지 국제 의사회(IPPNW)

1997 지뢰 금지 국제 운동(ICBL)　　**1999** 국경 없는 의사회(MSF)

2017 핵무기 폐기 국제 운동(ICAN)

✔ 시민 단체랑 비정부 기구랑 같은 건가요?

시민 단체랑 비정부 기구는 모두의 이익을 위해 사람들이 스스로 만든 모임이라는 점에서 비슷해요. 하지만 비정부 기구는 주로 국제 무대에서, 시민 단체는 주로 국가 안에서 활동한다는 차이점이 있어요.

✔ 비정부 기구에 도움을 줄 수 있는 방법은 무엇인가요?

비정부 기구가 하는 활동에 참여하는 방법에는 대표적으로 돈이나 물건을 보태는 기부가 있어요. 봉사 활동을 하거나 비정부 기구를 다른 사람들에게 알리는 활동을 하는 것도 도움을 주는 방법이에요.

실생활 개념어 활용 문장	뉴스에서 비정부 기구 사람들이 핵무기를 반대하며 걸어가는 모습을 보았어.
나만의 말로 표현해 보기	

세계 시민

관련 단어 인권, 지속 가능한 미래, 세계 평화

교과서에서는? 지구촌에서 발생하는 문제에 관심을 갖고 해결하려고 협력하는 사람을 세계 시민이라고 합니다.

지구촌 지구 전체를 하나의 마을처럼 생각하는 것의 문제를 나와 관련 있는 문제로 생각하고 지구 평화를 위해 노력하는 사람을 **세계 시민**이라고 해요.

? 궁금해요

✓ **세계 시민이 되기 위해 무엇에 관심을 가져야 하나요?**

세계 시민이 되려면 세계의 다양한 문화를 존중하며 모든 사람들의 인권에 관심을 기울여야 해요. 또 지구에서 계속 건강하고 안전하게 살아갈 수 있도록 환경 보호에 관심을 갖고 세계의 평화를 위해 내가 할 수 있는 일을 찾아봐야 해요.

✓ **지구에 사는 사람은 모두가 세계 시민인가요?**

지구에 사는 사람 모두가 세계 시민이라고 말할 수는 없어요. 자신의 행동이 전 세계 사람들에게 영향을 줄 수 있다고 생각하며, 그 속에서 올바르게 자신의 권리를 사용하고 자신의 책임을 다하며 살아가는 사람을 세계 시민이라고 부를 수 있어요.

✓ **전 세계의 평화와 인권을 위해 싸워 온 사람은 누구인가요?**

남아프리카 공화국의 넬슨 만델라 대통령이 있어요. 그는 흑인과 백인이 함께 어우러지는 사회를 만들고자 노력했어요.

실생활 개념어 활용 문장　학교에서 다양한 나라의 문화를 배우는 것은 내가 세계 시민이 되는 데 도움을 줘.

나만의 말로 표현해보기

지속 가능한 미래

관련 단어 세계 시민

교과서에서는? 지구촌 문제 해결을 위해 전 세계 사람들이 협력해 나가면 지속 가능한 미래를 만들 수 있습니다.

현재뿐만이 아니라 미래의 환경과 발전까지도 생각하며 세상을 만들어 가는 것을 **지속 가능한 미래**라고 해요.

？ 궁금해요

✔ 지속 가능한 미래는 왜 중요한가요?

그동안의 세계 경제 발전으로 인해 환경 파괴, 자원 낭비, 빈곤과 불평등의 문제가 심각해졌어요. 이로 인해 사람들은 건강하고 행복한 삶을 사는 데 어려움을 겪고 있어요. 따라서 자원을 보호하고 환경을 지키며 모두가 행복한 더 나은 세상으로 발전시켜 나가는 것이 중요해졌답니다.

✔ 지속 가능한 미래를 위해 우리가 할 수 있는 노력은 무엇인가요?

지속 가능한 미래를 위해서는 다양한 면에서 노력이 필요해요. 주어진 자원물, 에너지, 식량 등을 절약하고 환경을 보호해야 해요. 또한 차별 없는 사회를 만들고 환경을 해치지 않는 기술을 연구해야 해요. 이를 통해 모두가 건강하고 행복하게 살아가는 사회를 만들 수 있어요.

✔ 지속 가능한 미래를 위해 노력하는 인물은 누가 있나요?

지속 가능한 발전을 외치는 스웨덴의 환경 운동가 그레타 툰베리가 있어요.

실생활 개념어 활용 문장　앞으로 살아갈 어린이들을 위해 지속 가능한 미래를 만들어야 해.

나만의 말로 표현해보기

사
회
문
화

초등학생을 위한 거의 모든 사회 개념어

면담

비교 단어 질문지법(설문) 관련 단어 답사

교과서에서는? 문화유산을 자세히 알고 있는 사람을 직접 만나 면담합니다.

사람들과 직접 만나 대화하며 어떤 것에 관한 내용을 알아보는 것을 **면담**이라고 해요.

❓ 궁금해요

✔ 면담의 장점은 무엇인가요?

대화 중 궁금한 점, 잘 이해되지 않거나 분명하지 않은 점을 물어보고 그 답을 바로 확인할 수 있어요. 직접 만나 묻고 답하며 자세하고 정확한 정보를 알아낼 수 있어요.

✔ 면담의 단점은 무엇인가요?

여러 사람의 의견을 동시에 알아볼 수 없고, 시간이 오래 걸려요. 또 답하는 사람의 응답을 녹음하거나 중요한 내용을 메모했다가 다시 정리해야 해요.

✔ 면담으로 알아볼 수 있는 주제는 무엇인가요?

도서관 사서 선생님을 만나 친구들이 가장 많이 빌리는 책을 알아볼 수 있어요. 또 소방관을 만나 보람된 순간을 물어볼 수도 있어요. 주변 사람들과 만나 다양한 주제에 대해 면담할 수 있답니다.

실생활 개념어 활용 문장 | 놀이동산에 온 사람들에게 어느 놀이 기구가 가장 재미있었는지 알아보는 **면담**을 진행했어.

나만의 말로 표현해보기 |

질문지법(설문)

設 베풀 설 問 물을 문 어떤 주제에 대해 문제를 내어 묻는 것

내가 읽은 횟수

비교 단어 면담   관련 단어 답사

교과서에서는? 문화유산 답사 전 지도, 사진기, 필기도구, 설문지 등을 준비합니다.

알고 싶은 내용을 글로 작성하고 답을 받아 정리하는 것을 **질문지법(설문)**이라고 해요.

❓ 궁금해요

✔ 질문지법의 장점은 무엇인가요?

직접 만나지 않고도 여러 사람의 생각을 동시에 알아볼 수 있어 시간을 아낄 수 있어요.

✔ 질문지법의 주의할 점은 무엇인가요?

미리 정한 질문 말고 나중에 질문을 더 할 수 없어요. 질문에 답하는 사람이 질문을 잘못 이해해서 틀린 답을 할 수도 있어요. 그래서 알고 싶은 내용을 정확하고 쉽게 질문해야 해요.

✔ 질문지법으로 조사할 수 있는 주제는 무엇인가요?

'초등학교 교복 착용에 찬성하나요? 장래 희망 직업은 무엇인가요?'와 같이 찬성과 반대를 묻거나 좋아하는 것을 묻는 활동 등에 질문지법을 활용할 수 있어요.

✔ 여론 조사 전문가는 무슨 일을 하나요?

국가나 사회의 여러 가지 문제에 대한 여러 사람들의 공통된 의견을 조사하는 것을 '여론 조사'라고 해요. 이 일을 전문적으로 하는 여론 조사 전문가는 주제에 알맞은 설문 조사를 실시하고, 결과를 분석하여 전략을 세우는 일을 하죠.

실생활 개념어
활용 문장

우리 반 친구들의 취미를 알아보는 설문을 만들었어.

나만의 말로
표현해보기

답사

관련 단어 질문지법(설문), 면담
교과서에서는? 우리 지역의 문화유산을 답사하면서 보고 들은 내용을 정리해 보고서를 작성했습니다.

어떤 장소에 직접 찾아가 자세히 알아보는 것을 **답사**라고 해요.

? 궁금해요

✓ 답사의 장점은 무엇인가요?

답사는 알아보려고 하는 것을 직접 눈으로 보고 경험할 수 있어 생생한 정보를 얻을 수 있어요.

✓ 답사할 때 주의할 점은 무엇인가요?

알아볼 곳이 어디인지, 어떤 내용을 살펴볼지, 어떻게 그곳에 갈지, 얼마의 돈이 필요할지 등을 미리 충분히 알아보고 답사를 시작해야 해요. 그러면 원하는 정보를 정확하게 얻을 수 있고, 돈과 시간을 줄일 수 있어요.

✓ 답사에 알맞은 주제는 무엇인가요?

우리 지역 축제, 문화유산 등을 알아볼 수 있어요. 글과 그림으로 보던 것의 실제 모습을 보고 싶을 때 도움이 되는 방법이에요.

✓ 답사 과정은 어떻게 되나요?

"궁궐을 답사하고 우리나라 궁궐 건축물의 특징을 알아봐요." ① 답사 장소와 주제 정하기	"경복궁은 언제 어떻게 지어졌을까?" ② 답사 장소에 대한 자료 살피기	"답사일은 이번 주 토요일이야. 각자 준비물 확인했지?" ③ 답사 계획 세우기
"궁궐에는 왕의 공간과 왕비의 공간이 따로 있구나." ④ 답사하기	"답사 전 조사한 자료와 답사를 통해 확인한 자료를 정리해 볼까?" ⑤ 답사 후 수집한 자료 정리하기	"궁궐의 모습, 궁궐 건축의 특징, 알게 된 점, 느낀 점을 적어요." ⑥ 답사 자료 정리해 보고서 쓰기

실생활 개념어 활용 문장 — 문화유산 **답사**를 하며 문화유산의 생생한 모습이 담긴 사진을 찍었어.

나만의 말로 표현해 보기

4 고장과 지명

地 땅 지 名 이름 명 지역 이름

관련 단어 면담, 답사

교과서에서는? 고장의 지명은 땅의 생김새나 옛날에 있었던 일 등과 관련이 깊습니다.

사람들이 모여 사는 지역을 **고장**이라고 해요. 고장 또는 지역의 이름을 **지명**이라고 하고요.

❓ 궁금해요

✓ 우리 고장의 지명은 어떻게 만들어졌나요?

옛날부터 이어져 내려오는 지명은 많은 사람들이 그 지역을 부르던 이름이 굳어진 거예요. 고장의
자연적·문화적 특징, 전해져 내려오는 이야기 등이 지역의 이름이 되었답니다.

자연적 특징	전해져 내려오는 이야기	문화적 특징

양수리(두물머리)는 두 물이 합쳐지는 곳이에요.	왕십리라는 지명에는 그곳에서 십 리 (4km. '리'는 거리를 측정하는 단위)를 더 가 조선의 도성을 정했다는 전설이 있어요.	장승배기라는 지명은 마을 입구에 장승이 서 있었던 것에서 생겨났어요.

✓ 특이한 지명도 있나요?

인천광역시 강화군에는 불은면이 있어요. 불은 면이 아니라 '부처님의 은혜'라는 뜻이에요.
경기도 이천시 장호원읍에는 거머리가 있어요. 거머산 아래 있다 하여 거머리라 불렸어요.
참고로 '면', '리'는 모두 우리나라의 지역을 구분하는 단위예요.

실생활 개념어 활용 문장 우리 고장의 지명 '성북'은 성의 북쪽에 자리했다는 뜻이야.

나만의 말로 표현해보기

문화유산

遺 남길 유 産 낳을 산 조상이 물려 준 것

하위 단어 세계유산, 국보, 보물, 사적, 천연기념물　**관련 단어** 박물관

교과서에서는? 우리 문화유산을 살펴보면서 조상들의 생활 모습, 슬기와 멋을 알 수 있었습니다.

예로부터 이어져 내려오는 귀중한 건물이나 물건, 특별한 기술, 생활 양식 등을 **문화유산**이라고 해요.

❓ 궁금해요

✓ **문화유산은 눈에 보이는 물건인가요?**

고려청자처럼 모양이 있는 유형有形 있을 유, 모양 형문화유산도 있어요. 하지만 사물놀이 연주처럼 눈에 보이지 않고, 입에서 입으로 전해져 내려오는 무형無形 없을 무, 모양 형문화유산도 있어요.

유형문화유산	무형문화유산

✓ **예로부터 전해져 내려오면 모두 문화유산인가요?**

아끼고 보호하며 다음 세대에게 전해 줄 중요하고 소중한 것들만 문화유산이라고 해요.

실생활 개념어 활용 문장　우리의 **문화유산**을 보존하는 것은 중요한 일이야.

나만의 말로 표현해보기

세계유산

관련 단어 문화유산, 국보, 보물, 사적

교과서에서는? 훈민정음(해례본)은 유네스코 세계기록유산에 등재되어 있습니다.

세계적으로 중요하고 소중한 장소나 문화유산을 보호하기 위해 유네스코(UNESCO)가 지정한 유산을 **세계유산**이라고 해요.

? 궁금해요

✓ 우리나라에도 세계유산이 있나요?

우리나라에는 총 16개의 세계유산이 있어요. 문화유산이 14개, 자연유산이 2개에요. 대표적인 문화유산에는 석굴암과 불국사·창덕궁·화성 등이 있고, 자연유산에는 제주 화산섬과 용암 동굴, 갯벌이 있어요.

✓ 무형문화유산은 세계유산이 될 수 없나요?

무형문화유산은 인류무형문화유산으로 따로 보호하고 있어요. 우리나라에는 강강술래를 비롯해 23개의 인류무형문화유산이 있어요.

✓ 세계기록유산은 무엇인가요?

기록과 관련된 문화유산이에요. 다음 세대에 전해 줄 중요하고 소중한 기록을 보호해요. 우리나라의 대표적인 세계기록유산으로는 조선왕조실록, 훈민정음(해례본) 등이 있어요.

실생활 개념어 활용 문장 창덕궁은 아름다움을 인정받아 세계유산이 되었어.

나만의 말로 표현해보기

국보와 보물

國 나라 국 寶 보배 보

내가 읽은 횟수

비교 단어 사적 관련 단어 박물관

교과서에서는? 경주 양동 마을에는 국보, 보물 등이 많아서 마을 전체가 문화재로 지정되었습니다.

모양이 있는 유형문화재 중 중요한 문화재를 **보물**이라고 해요. 보물 중에서도 의미가 있고 중요하며 드문 것을 **국보**로 정해요.

? 궁금해요

✓ **국보와 보물의 차이점은 무엇인가요?**

보물 중에서도 오래된 것, 특별히 아름다운 것, 특이한 것, 역사적 인물과 관계가 깊은 것들을 국보로 정해요.

✓ **우리나라 국보 1호, 보물 1호는 무엇인가요?**

예전에는 국보나 보물을 정했던 순서대로 번호를 매겼어요. 그런데 국보나 보물에 매겨진 번호가 중요한 순서라고 오해하는 사람들이 생겨났어요. 그래서 지금은 번호를 없앴어요. 예를 들어 숭례문을 국보 1호라고 했었는데 이제는 그냥 국보 서울 숭례문으로 불러요.

✓ **땅속에 묻혀 있던 문화재를 발견하면 어떻게 해야 하나요?**

우연히 땅속에 묻혀 있던 문화재를 발견했다면 발견한 상태 그대로 두어야 해요. 그리고 가까운 경찰서나 구청, 시청 등에 신고해야 하죠.

실생활 개념어 활용 문장 : **국보**와 **보물**은 우리나라의 자랑스러운 문화유산이야.

나만의 말로 표현해보기

사적 ★

史 사관 사 跡 발자취 적 역사의 발자취

내가 읽은 횟수

비교 단어 국보, 보물

관련 단어 세계유산

문화재 중 궁궐, 성곽과 같이 역사적인 지역과 시설물을 함께 일컬어 **사적**이라고 해요.

? 궁금해요

✓ 대표적인 사적에는 무엇이 있나요?

대표적인 사적으로는 수원 화성이 있어요. 수원 화성은 정조가 아버지인 사도 세자의 묘를 좋은 곳으로 옮기고 그 주변에 세운 성이에요. 수원 화성을 지을 때는 돌을 쉽게 옮길 수 있는 거중기 같은 기계를 만들어 사용했어요. 덕분에 다른 성들에 비해 적은 돈을 들여 짧은 시간에 완성할 수 있었어요. 수원 화성은 1997년 유네스코 세계유산에 이름이 올라갔어요.

✓ 사적과 국보, 보물은 어떻게 다른가요?

국보와 보물은 움직일 수 있는 물건인 경우가 많아요. 반면, 사적은 땅에 붙어 있어 움직일 수 없고 여러 곳에 걸친 역사적인 장소가 많아요. 불국사 사적 안에는 다보탑과 같은 국보도 있고, 불국사 대웅전과 같은 보물도 함께 있어요.

실생활 개념어
활용 문장

사적을 방문하면 문화 관광 해설사로부터 그곳에 얽힌 옛날이야기를 들을 수 있어.

나만의 말로
표현해 보기

천연기념물*

天 하늘 천 然 그럴 연 사람 힘이 더해지지 않은 그대로의 것

비교 단어 국보, 보물, 사적

매우 중요하고 아름다워서 특별히 보호하는 식물, 동물, 지역 등의 문화재를 **천연기념물**이라고 해요.

❓ 궁금해요

✔ 대표적인 천연기념물에는 무엇이 있나요?

보은 속리산 정이품송이 있어요. 나이가 약 600살 정도로, 크고 아름다운 소나무예요. 정이품송은 조선의 왕 세조가 그 아래를 지날 때, 스스로 가지를 들어 올려 왕이 무사히 지나도록 도왔다고 해요. 이를 좋게 생각한 세조가 정이품의 자리를 내렸다는 이야기가 전해져요.

✔ 천연기념물과 멸종 위기 야생 생물과는 어떻게 다른가요?

천연기념물이라고 해서 모두 그 동물이나 식물이 완전히 없어질 위험에(멸종 위기) 처해 있는 것은 아니에요. 예를 들어 구례 화엄사 매화나무는 천연기념물이지만, 멸종 위기 야생 생물로 정해진 것은 아니랍니다.

천연기념물 - 함양 상림	멸종 위기 야생 생물 (산이나 들에서 나서 자라는 동물이나 식물) II급 - 담비
사람이 만든 가장 오래된 숲이라 문화재로 지정되었어요.	보호하지 않으면 곧 사라질 거예요.

실생활 개념어 활용 문장   우리나라는 진돗개를 천연기념물로 지정해 보호하고 있어.

나만의 말로 표현해보기

10

박물관

비교 단어 기념관　**관련 단어** 문화유산, 국보, 보물, 사적

교과서에서는? 어진 박물관은 임금님의 초상화와 그에 관련된 유물을 전시하는 곳입니다.

역사적 유물, 예술품 등을 모아 보여 주고 연구하며 교육할 목적으로 지은 곳을 **박물관**이라고 해요.

? 궁금해요

✓ **박물관과 미술관은 같은 건가요?**

박물관 중에서 특히 그림, 조각, 사진 등 미술 관련 작품을 모아서 보여 주며 교육하는 곳을 미술관이라고 해요. 박물관은 미술 작품뿐만 아니라 다양한 종류의 귀중한 것들을 모아 놓은 곳이에요. 모은 물건의 종류에 따라 박물관의 이름이 달라져요. 예를 들어 역사적인 물건을 모아 놓은 곳은 역사 박물관, 과학과 관련된 물건을 모아 놓은 곳은 과학 박물관이에요.

미술관

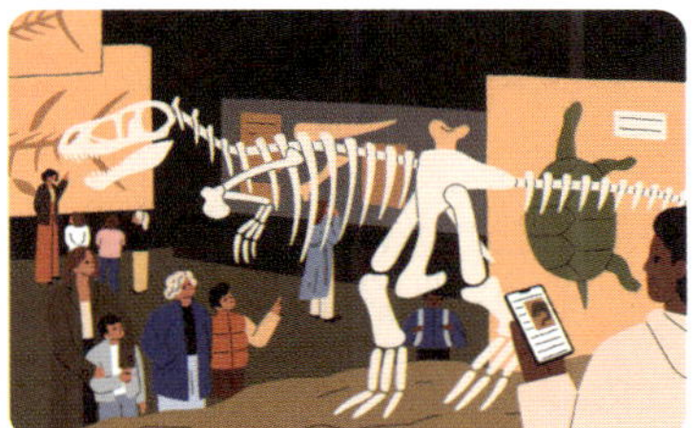

과학 박물관

✓ **박물관과 기념관은 무엇이 다른가요?**

박물관과 기념관은 둘 다 우리가 새로운 것을 배우고 지식을 쌓을 수 있는 장소예요. 박물관의 목적은 하나의 중심 문제를 연구하고 교육하는 데 있어요. 하지만 기념관은 중요한 사건이나 인물을 기억하고 마음에 담는 것이 목적이에요.

✓ **박물관에서 사진 촬영을 하면 안 되는 이유는 무엇인가요?**

미술 작품이나 조상들이 남긴 물건인 유물들은 빛에 민감해요. 따라서 사진 찍을 때 나오는 빛이 물건에 안 좋은 영향을 줄 수 있어요. 또 그것을 보는 다른 사람들에게 방해가 될 수도 있어요.

실생활 개념어 활용 문장　국립 중앙 박물관을 방문하기 전 박물관 관람 예절을 공부했어.

나만의 말로 표현해보기

의식주　衣 옷 의 食 밥 식 住 살 주

하위어 한옥　**관련 단어** 온돌

교과서에서는? 계절과 날씨 등 환경에 따라 사람들의 의식주 생활 모습은 다양합니다.

사람이 살아가는 데 꼭 필요한 옷, 음식, 집을 통틀어 **의식주**라고 해요.

? 궁금해요

✔ 사람들은 왜 옷을 입기 시작했나요?

사람들은 추위나 벌레로부터 몸을 보호하기 위해, 다른 사람들에게 더 멋있어 보이기 위해 옷을 입기 시작했어요. 또 알몸이 부끄러워서 혹은 물건을 매달고 다니기 위해서 등의 이유로 옷을 입기 시작했답니다.

✔ 곤충이 음식이 될 수 있나요?

일부 국가에서는 먹을 수 있는 곤충을 팔고 있어요. 이 곤충들은 단백질이 풍부하고 음식으로 만들 때 환경 문제를 일으킬 일도 적은 친환경 식품이랍니다. 그렇다고 모든 곤충을 먹을 수 있는 것은 아니에요. 나라에서 안전하다고 확인한 곤충만 먹어야 해요.

✔ 아파트와 다세대 주택은 어떻게 다른가요?

아파트와 다세대 주택은 모두 한 건물에 여러 집이 모여 있어요. 아파트는 다세대 주택에 비해 높은 건물로, 5층 이상의 공동 주택을 말해요.

실생활 개념어 활용 문장　**의식주**를 잘 챙기는 것이 건강의 기본이야.

나만의 말로 표현해보기

한옥

상위어 의식주　**관련 단어** 온돌

교과서에서는? 한옥 마을은 아파트 단지와 모습이 달랐습니다.

옛날 우리나라 사람들이 살았던 전통적인 집을 **한옥**이라고 해요.

? 궁금해요

✓ **초가집도 한옥인가요?**

초가집도 한옥의 한 종류예요. 판판하고 넓은 나뭇조각으로 지붕을 얹은 너와집, 통나무로 벽을 만든 귀틀집도 한옥이에요. 한옥은 집을 만드는 재료와 모양에 따라 종류가 다양하답니다.

초가집	너와집	귀틀집
	(출처: 한국학중앙연구원)	(출처: 한국학중앙연구원)

✓ **기와집과 초가집은 어떻게 다른가요?**

기와로 지붕을 삼은 집을 기와집이라고 해요. 초가집은 볏짚과 갈대 등으로 지붕을 얹은 집이에요. 기와는 비교적 비싼 재료였어요. 그래서 기와집에는 양반처럼 신분이 높은 사람들이 살았어요. 반면, 평범한 농민들은 대부분 초가집에 살았답니다.

실생활 개념어 활용 문장　**한옥** 마을에 가면 옛날 집을 볼 수 있어.

나만의 말로 표현해보기

온돌

상위어 의식주, 한옥

교과서에서는? 우리 조상들은 온돌을 사용해 추운 겨울을 따뜻하게 보냈습니다.

집을 따뜻하게 하는 우리나라 고유의 방법을 **온돌**이라고 해요.

? 궁금해요

✓ 온돌은 어떻게 방을 따뜻하게 하나요?

먼저 아궁이에 불을 피워요. 그러면 그 연기가 방바닥 아래 빈 공간을 지나면서 바닥을 따뜻하게 만들어요. 그리고 바닥의 뜨거운 기운이 방 안을 따뜻하게 해요.

✓ 지금도 온돌이 있나요?

지금은 아궁이 대신 보일러를 사용해요. 보일러에서 데운 물이 방바닥 아래 깔린 관을 지나며 방바닥을 데워요. 온돌이 집을 따뜻하게 만드는 방법을 이용한 거예요.

실생활 개념어 활용 문장	겨울에는 **온돌**방이 따뜻해서 좋아.
나만의 말로 표현해 보기	

14

관례★
冠 갓 관 禮 예절 예

비교 단어 혼례, 상례, 제례

남자아이가 어른이 되었다는 의미로 하는 예식을 **관례**라고 해요. 요즘은 성인식 또는 성년식이라고 말해요.

❓ 궁금해요

✓ **관례를 치루는 나이는 몇 살이었나요?**
대부분 20세에 관례를 하고 어른이 되었어요. 하지만 20세 전에 결혼을 하면, 결혼 전 날을 정해 관례를 했어요.

✓ **성인이 되었음을 어떻게 알렸나요?**
상투를 틀고 갓을 쓰는 식을 했어요.

✓ **여성은 성인식을 어떻게 치루었나요?**
여성의 경우 '계례'라고 하여 머리를 올리고 비녀를 꽂았어요. 보통 15세 무렵 혼례와 함께 치뤘어요.

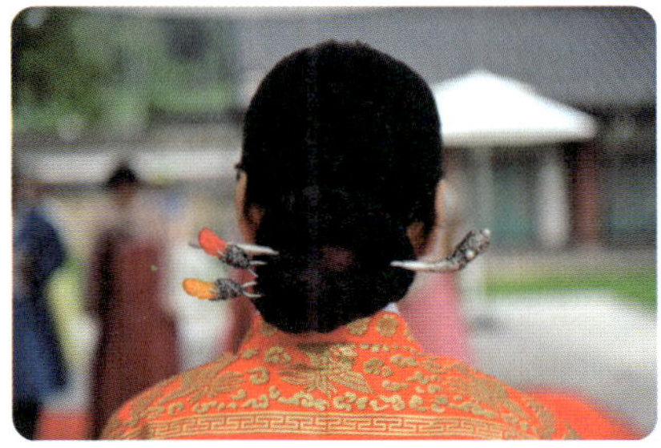

✓ **지금도 관례가 있나요?**
요즘은 매년 5월 셋째 월요일을 성년의 날로 정하고 축하하고 있어요.

실생활 개념어 활용 문장	한복을 입고 전통 **관례**를 체험해 보고 싶어.

나만의 말로 표현해보기	

혼인과 혼례

비교 단어 관례, 상례, 제례

교과서에서는? 결혼하는 날 신랑은 말을 타고 신부의 집으로 가서 혼례를 치렀습니다.

두 사람이 만나 부부가 되는 것을 **혼인**이라고 해요. 요즘은 결혼이라고 하죠.
부부가 되기 위해 예절에 따라 하는 행사를 **혼례**라고 해요. 요즘은 결혼식이라고 말해요.

? 궁금해요

✓ 전통 혼례에서 신랑과 신부는 무슨 옷을 입었나요?

신랑은 벼슬 _{나랏일을 하는 직업}이 없어도 벼슬이 있는 사람이 일할 때 입었던 옷을 입었어요. 신부는 궁궐에서 입었던 활옷 또는 원삼을 입고 인생에서 가장 기쁜 날을 맞이했어요.

✓ 신부가 웨딩드레스를 입게 된 것은 언제부터인가요?

일제 강점기 즈음, 서양식 생활 문화를 받아들이는 사람들이 늘어났어요. 그에 따라 웨딩드레스를 입고 결혼식을 하는 사람들도 많아졌어요.

✓ 혼례를 치루는 장소는 어디였나요?

옛날에는 신부의 집 앞마당에서 결혼식을 했어요. 결혼식에서 신랑과 신부는 서로 절을 하고 술을 나눠 마셨어요. 결혼식이 끝나면 신랑과 신부는 신부의 집에 며칠 머물다가 함께 신랑의 집으로 갔어요.

실생활 개념어 활용 문장	전통 **혼례**에서는 신랑과 신부가 한복을 입어.
나만의 말로 표현해보기	

16 상례와 장례*

비교 단어 관례, 혼례, 제례

사람이 죽었을 때, 돌아가신 분과 이별하는 예식을 **상례**라고 해요. 지금은 **장례**라고 말해요.

? 궁금해요

✓ 옛날과 오늘날의 장례는 어떻게 다른가요?

옛날에는 가족들이 삼베옷을 입고 5~7일 동안 장례를 치렀어요. 마을 사람들의 도움을 받아 무덤에 관을 묻으면 장례가 끝나요. 하지만 부모의 무덤 옆에 움막^{땅을 파고 아주 작게 만든 집}을 짓고 3년 동안 무덤을 지키며 못다 한 효도를 다하기도 했어요. 오늘날에는 검은 옷을 입고 3일 동안 장례를 치루는 등 예전에 비해 방법이 간단해졌어요.

✓ 다른 나라에서는 어떻게 장례를 치르나요?

인도 사람들은 돌아가신 분의 타고 남은 뼈를 갠지스강에 흘려보내며 마지막 이별을 해요. 옛날 로마에서는 돌아가신 분이 그 뒤의 세상에 가실 때 쓰시라고 입에 동전을 넣었다고 해요.

✓ 옛날 무덤에서 많은 보물이 발견되는 이유는 무엇인가요?

옛날 사람들은 사람이 죽으면 가는 또 다른 세계가 있다고 믿었어요. 그곳에서 편안하게 잘 살기를 바라는 마음을 담아 옷과 같은 생활용품과 귀하고 소중한 물건들을 함께 묻었답니다.

실생활 개념어 활용 문장 할아버지 장례를 치르기 위해 친척 모두가 함께 모였어.

나만의 말로 표현해보기

제례와 제사

비교 단어 관례, 혼례, 상례

교과서에서는? 차례는 명절에 조상에게 올리는 제사를 말합니다.

해마다 돌아가신 조상님을 생각하며 정성을 다해 음식을 차리고 인사를 드리는 예식을 **제례**라고 해요. 지금은 **제사**라고도 말해요.

❓ 궁금해요

✔ 제사는 왜 지내는 건가요?

우리나라 사람들은 효도를 매우 중요하게 생각했어요. 그리고 조상님을 부모와 같다고 생각했죠. 그래서 조상님을 위해 해마다 정성껏 음식을 차리고 제사를 지내며 감사를 표현했어요.

✔ 제사와 차례는 같은 건가요?

차례는 설날, 추석 등 명절에 지내는 제사를 말해요. 특히 추석에는 그해 처음 수확한 곡식들로 상을 차리고 조상님께 감사 인사를 드렸어요. 제사가 끝나면 제사 음식을 친척들과 나눠 먹었어요.

✔ 제사상에 무슨 음식을 올리나요?

지역이나 가족에 따라 다르지만, 제사상에는 대체로 밥과 국, 고기와 생선, 나물과 과일 등을 올려요. 돌아가신 분이 살아 계실 때 좋아했던 음식을 올리기도 해요.

실생활 개념어 활용 문장 추석이 되면 할아버지 댁에 모여 제사를 지내.

나만의 말로 표현해보기

국경일*

國 나라 국 慶 경사 경 日 날 일 나라에 기쁜 일이 있던 것을 기념하는 날

내가 읽은 횟수
☐ ☐ ☐

비교 단어 기념일

관련 단어 명절

국가의 기쁜 날을 잊지 않고 기억하기 위해 정한 날을 **국경일**이라고 해요.

? 궁금해요

✔ 국경일은 언제인가요?

일 년 중 국경일은 5일밖에 없어요.

3·1절 (3월 1일)	3·1 운동을 기억하며 애국심을 높이는 날이에요.
제헌절 (7월 17일)	첫 번째 헌법이 만들어진 날을 기억하며 법을 잘 지키자는 마음을 갖는 날이에요.
광복절 (8월 15일)	빼앗겼던 나라를 되찾은 날을 기억하고 독립 정신을 되새기는 날이에요.
개천절 (10월 3일)	단군왕검이 우리 민족의 최초 국가인 고조선을 세운 날을 기억하고 우리 민족의 발전을 비는 날이에요.
한글날 (10월 9일)	세종 대왕이 한글을 만들어 세상에 알린 일을 기억하고 한글의 우수성을 마음에 새기는 날이에요.

✔ 국경일에는 무엇을 하나요?

곳곳에서 국경일 행사가 열려요. 또 국가의 기쁜 날을 함께 기억하고 축하하는 의미로 태극기를 달아야 해요.

실생활 개념어
활용 문장

국경일이 되면 우리 가족은 집 앞에 태극기를 달아.

나만의 말로
표현해보기

기념일

비교 단어 국경일   관련 단어 명절
교과서에서는? 외국에서 들어온 명절 또는 기념일 풍속이 우리 생활에 미친 영향을 조사해 봅시다.

특별한 사건이나 인물, 중요한 생각 등과 관련하여 국가가 정한 날을 정부 주관 **기념일**이라고 해요.

? 궁금해요

✔ 대표적인 기념일은 언제인가요?

대표적인 기념일로는 식목일(4월 5일), 어린이날(5월 5일), 현충일(6월 6일), 6·25 전쟁일(6월 25일) 등이 있어요. 기념일은 일 년 중 백 일 이상이 될 정도로 많고 다양해요.

✔ 기념일은 왜 정하는 건가요?

기념일을 정하는 목적은 다양해요. 역사적인 사건이나 인물을 기억하기 위해서, 또 사회적으로 중요한 뜻을 마음에 새기기 위해서 정하기도 해요.

6월의 기념일	
6월 5일	환경의 날
6월 6일	현충일
6월 10일	6·10 민주 항쟁 기념일
6월 25일	6·25 전쟁일
6월 28일	철도의 날

✔ 국경일과 기념일은 어떻게 다른가요?

국경일과 기념일은 모두 특별한 날을 한번 더 생각하고 기억하기 위한 날이에요. 국경일은 기념할 만한 날 중에서도 전 국민이 축하하고 기뻐할 만한 국가적으로 매우 중요한 날이에요.

실생활 개념어
활용 문장
어버이날은 부모님께 감사의 마음을 전할 수 있는 특별한 **기념일**이야.

나만의 말로
표현해 보기

명절

관련 단어 절기, 세시 풍속

교과서에서는? 추석은 설날과 더불어 우리나라의 대표적인 명절입니다.

우리 민족이 오랫동안 매년 일정한 날을 정해 즐기거나 특별하게 여기는 때를 **명절**이라고 해요.

? 궁금해요

✓ 대표적인 명절은 언제인가요?

설날, 정월 대보름, 한식, 단오, 추석, 동지 등이 있어요. 이 중 설날과 추석은 우리 민족에게 가장 친숙한 명절이에요.

✓ 설날은 두 번인가요?

설날은 음력 1월 1일뿐이에요. 흔히 양력 설이라고 부르는 양력 1월 1일은 한 해의 시작으로서의 의미를 담아 휴일로 정해 축하하고 있어요.

✓ 다른 나라 명절도 한국과 비슷한가요?

우리나라 설날과 비슷한 명절로는 중국의 춘절, 베트남의 뗏 등이 있어요. 가족들이 함께 모여 새해를 맞이하고 다양한 축하 행사를 즐겨요. 또 우리나라 추석과 비슷한 명절로는 중국의 중추절, 미국의 추수 감사절 등이 있어요. 가족들이 모여 음식과 감사의 마음을 나누는 날이에요.

베트남 '뗏'

미국 '추수 감사절'

실생활 개념어 활용 문장 명절에는 친척들과 모여 이야기하고 전통 놀이를 하며 즐거운 시간을 보내.

나만의 말로 표현해보기

절기 *

관련 단어 명절, 세시 풍속

태양의 위치에 따라 한 해를 스물 넷으로 나눈 것으로, 계절 구분의 기준이 되는 것을 **절기**라고 해요.

? 궁금해요

✔ **절기는 왜 중요한가요?**

계절이 바뀔 때마다 날씨를 알려 줘서 농사를 짓거나 생활하는 데 큰 도움을 주었어요.

✔ **24절기는 어떤 날이고, 무엇을 하나요?**

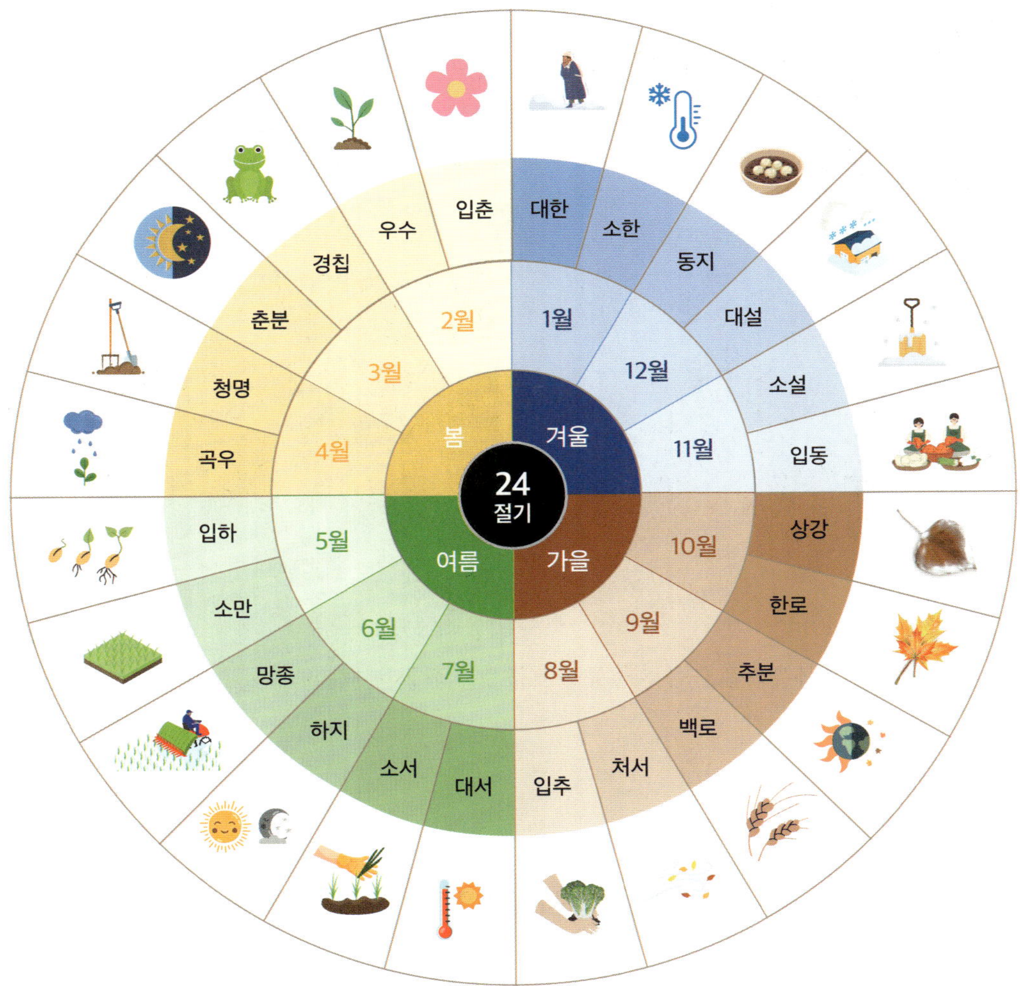

봄	여름
입춘 "봄이 시작되었어요."	**입하** "여름이에요. 볍씨의 싹이 터 모가 자라요."
우수 "눈이 녹았어요. 새싹이 돋아요."	**소만** "만물이 잘 자라요. 모내기를 준비해요."
경칩 "겨울잠을 자던 개구리가 깨어났어요."	**망종** "익은 보리를 거두고 모내기를 해요."
춘분 "낮과 밤의 길이가 비슷해져요. 들나물을 캐 먹어요."	**하지** "낮이 가장 길어요. 장마를 준비해요."
청명 "날씨가 좋아요. 논밭을 갈아 씨앗 심을 준비를 해요."	**소서** "더위가 와요. 잡초를 뽑아요."
곡우 "농사비가 내려요. 볍씨를 물에 담가요."	**대서** "장마가 끝났어요. 무더위예요."

가을	겨울
입추 "가을이에요. 김장용 무와 배추를 심어요."	**입동** "겨울이에요. 김장을 해요."
처서 "서늘한 바람이 불어요."	**소설** "첫눈이 와요. 겨울 준비를 해요."
백로 "날씨가 맑고 곡식이 무르익어요."	**대설** "눈이 가장 많이 내려요."
추분 "낮과 밤의 길이가 비슷해져요. 익은 곡식을 거두기 시작해요."	**동지** "밤이 가장 길어요. 팥죽으로 나쁜 기운을 쫓아요."
한로 "찬 이슬이 맺혀요. 온갖 과일과 곡식을 모두 거두어요."	**소한** "'작은 추위'라는 뜻이지만 사실 일 년 중 가장 추운 때예요."
상강 "서리(수증기가 땅이나 풀 등에 붙어 언 것)가 내려요. 익은 곡식 거두는 일을 마무리해요."	**대한** "'큰 추위'라는 뜻이지만 소한보다 덜 추워요. 집안을 정리하고 설날을 맞을 준비를 해요."

실생활 개념어 활용 문장 24절기 중 대설에는 눈이 소복이 쌓여 온 세상이 하얗게 변해.

나만의 말로 표현해보기

세시 풍속 歲 해 세 時 때 시 1년 중의 때

관련 단어 명절, 절기

교과서에서는? 교통, 통신, 과학의 발달로 직업이 다양해지면서 세시 풍속의 모습이 많이 바뀌었습니다.

명절이나 절기 때마다 똑같이 하는 일, 먹는 음식, 하는 놀이를 **세시 풍속**이라고 해요.

❓ 궁금해요

✓ 대표적인 세시 풍속에는 무엇이 있나요?

명절과 관련된 세시 풍속도 있고, 24절기와 관련된 세시 풍속도 있어요.

설날(음력 1월 1일)	정월 대보름(음력 1월 15일)

새 옷을 입고 조상님께 차례(주로 명절에 지내는 제사)를 지내요. 집안 어른께 세배를 드리고 성묘(조상 묘를 찾아가 돌봄)를 가요. 떡국을 먹고, 윷놀이를 즐겨요.

땅콩, 호두, 밤 등을 깨물고 오곡밥(다섯 가지 곡식으로 지은 밥)을 먹어요. 논밭에 해충을 없애는 쥐불놀이를 하고, 풍년을 기원하는 줄다리기를 해요.

한식(4월 5일 즈음)	단오(음력 5월 5일)

조상님 산소에 성묘를 가요. 한식에는 불을 피우지 않고 미리 준비한 찬 음식을 먹어요.

수리취떡(수리취라는 나물을 넣어 만든 떡)을 먹어요. 남자들은 모여서 씨름을 하고, 여자들은 창포물(창포라는 풀을 우려낸 물)에 머리를 감고 그네뛰기를 해요.

<table>
<tr><td>

삼복(7월~8월)

인삼, 대추 등 몸에 좋은 재료를 넣고 끓인 삼계탕을 먹고 기운을 보충해요. 수박화채를 먹고 더위를 물리쳐요.

</td><td>

추석(음력 8월 15일)

그해 새로 나온 햇곡식과 햇과일로 차례를 지내고 성묘를 가요. 송편을 만들어 먹고, 보름달을 보면서 소원을 빌어요.

</td></tr>
<tr><td>

중양절(음력 9월 9일)

단풍이 들고 국화꽃이 있는 산에 올라 가을의 경치를 즐겨요. 국화술(국화꽃을 넣어 만든 술)과 국화전(국화꽃잎을 넣어 기름에 지진 떡)을 만들어 먹어요.

</td><td>

동지(12월 22일 즈음)

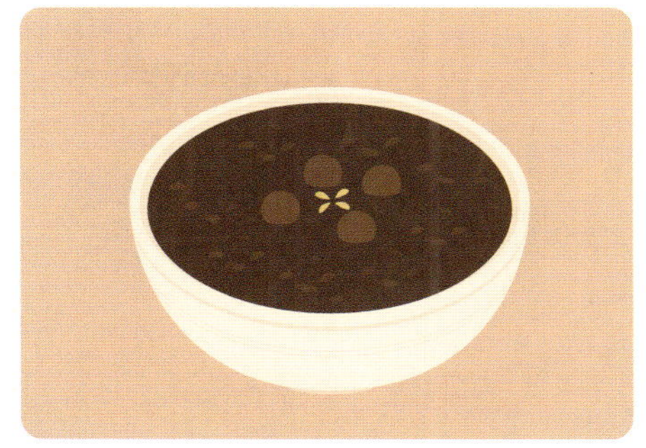

팥죽을 집안 곳곳에 놓거나 대문 근처 벽에 뿌려 나쁜 기운을 내쫓아요. 팥죽과 찹쌀로 만든 새알심을 나이만큼 먹으며 건강을 기원해요.

</td></tr>
</table>

실생활 개념어 활용 문장

세시 풍속 중 정월 대보름에는 가족과 함께 오곡밥을 나누며 한 해 동안 건강하고 행복하기를 기원해.

나만의 말로 표현해 보기

통신수단

비교 단어 교통수단

교과서에서는? 통신수단을 이용해 언제 어디서나 정보를 빠르고 편리하게 주고받을 수 있게 되었습니다.

전화나 우편처럼 소식이나 정보를 전달할 때 이용하는 도구를 **통신수단**이라고 해요.

? 궁금해요

✓ **옛날 사람들이 이용한 통신수단에는 무엇이 있나요?**

✔ 오늘날의 통신수단에는 무엇이 있나요?

컴퓨터
인터넷 사이트, 블로그 등을 통해 정보를 얻어요.

휴대전화
통화, 문자, SNS 등을 통해 소식을 주고받아요.

길도우미(내비게이션)
인공위성에서 받은 위치 정보로 길을 안내해요.

무선 호출기
진동이나 빛으로 신호를 보내요.

실생활 개념어 활용 문장
편지, 전화, 문자, SNS 등 다양한 통신수단을 이용해 전학 간 친구와 연락을 주고받아.

나만의 말로 표현해보기

교통수단

비교 단어 통신수단   **관련 단어** 생활권

교과서에서는? 교통수단의 발달로 사람들은 더 빠르고 편리하게 이동할 수 있습니다.

장소를 이동하거나 짐을 옮기는 데 사용하는 도구를 **교통수단**이라고 해요.

? 궁금해요

✔ **옛날 사람들이 이용한 교통수단에는 무엇이 있나요?**

경운기

농촌에서 무거운 농기계나 농작물을
싣고 이동해요.

지하철

주로 땅속을 달리는 특별한 열차예요.

고속 열차

서울에서 부산까지 3시간 내에 이동할
수 있는 기차예요.

카페리

사람과 자동차를 싣고 물을 건너는 배
예요.

여객선

기차나 비행기, 또는 배로 여행하는 사람을 여객
이라고 해요. 여객선은 주로 사람을 태우고 물을
건너는 배예요.

실생활 개념어 활용 문장	자전거는 친환경적인 교통수단이야.
나만의 말로 표현해 보기	

생활권 圈 우리 권 정해진 영역

관련 단어 교통수단

교과서에서는? 교통의 발달로 사람들이 일상생활을 할 때 활동하는 범위(생활권)가 넓어졌습니다.

출퇴근, 등하교, 쇼핑, 취미 등 우리가 자주 가고 생활하는 지역이나 둘레를 **생활권**이라고 해요.

❓ 궁금해요

✔ **오늘날의 생활권은 어떻게 달라지고 있나요?**

옛날의 생활권은 오일장 5일마다 열리는 시장이 열리는 장터 정도로 비교적 단순하고, 그 범위가 좁았어요. 오늘날 사회가 복잡해지고 교통이 발달하면서 생활권도 복잡하고 넓어졌어요.

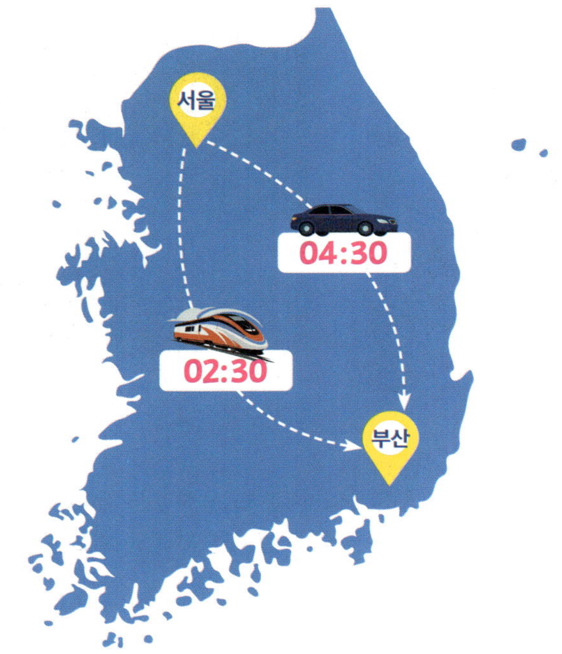

✔ **일일 생활권과 반나절** 하루 낮의 절반 **생활권은 무슨 뜻인가요?**

1970년 경부고속국도(경부고속도로)가 만들어졌어요. 고속 국도 덕분에 전국 어디든 하루 안에 다녀올 수 있는 일일 생활권이 되었어요. 2004년에는 고속 열차가 생기면서 전국은 반나절 생활권으로 변화했답니다.

실생활 개념어 활용 문장 매일 가는 학교, 친구들과 자주 노는 곳이 나의 생활권이야.

나만의 말로 표현해보기

여가 생활

내가 읽은 횟수 ☐☐☐

관련 단어 교통수단

교과서에서는? 교통수단이 발달함에 따라 다양한 여가 생활을 즐기게 되었습니다.

일이나 공부를 하고 남는 시간에 즐거움을 얻기 위해 활동하는 것을 **여가 생활**이라고 해요.

❓ 궁금해요

✔ 초등학생들의 평일 여가 시간은 얼마나 되나요?

평일 1~2시간 또는 2~3시간 정도의 여가 시간을 갖는다는 응답(21%)이 가장 많았어요.

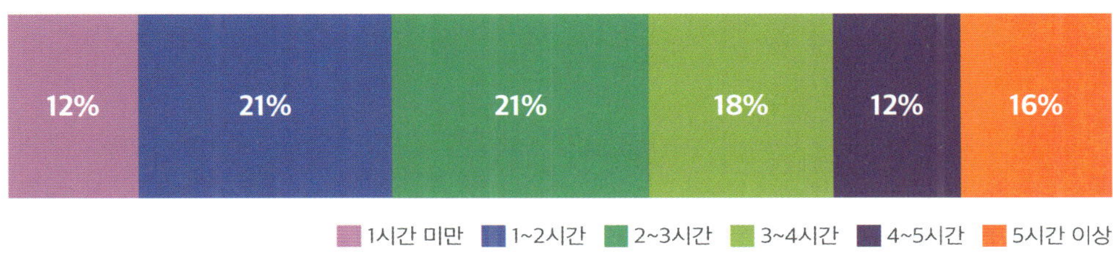

(출처: 초등학생의 평일 여가시간 2023년, KOSIS 통계놀이터)

✔ 컴퓨터 게임을 하는 것도 여가 생활이 될 수 있나요?

공부를 하고 남는 시간에 하는 활동이라면 컴퓨터 게임도 여가 생활이 될 수 있어요. 다만, 건강을 해치지 않도록 활동 시간을 조절해야 해요.

실생활 개념어 활용 문장 주말에는 여가 생활로 가족과 함께 공원에 가서 산책을 해.

나만의 말로 표현해 보기

정보화

하위어 SNS, 빅데이터, AI   **관련 단어** 개인 정보

교과서에서는? 정보화 사회가 되면서 사람들의 생활 모습도 빠르게 변화하고 있습니다.

정보를 중심으로 산업과 사회가 발전하는 것을 **정보화**라고 하고, 그런 사회를 정보화 사회라고 해요.

? 궁금해요

✓ 옛날 사람들은 정보를 어떻게 주고받았나요?

먼 옛날 사람들은 말로 정보를 주고받았어요. 글자가 생겨나고 종이가 발명되자 정보를 종이에 글로 적어 전했어요. 많은 양의 책을 동시에 찍어 내는 인쇄술이 발달하자, 정보가 퍼지는 속도가 빨라졌어요. 과학 기술이 발달한 지금은 인터넷 등 다양한 방법을 이용하여 정보를 주고받아요.

✓ 우리나라는 정보화 사회인가요?

정보화 사회에서는 누구나 손쉽게 정보를 모으고 이용할 수 있어요. 우리나라는 2022년 기준 인구 100명 중 93명이 인터넷을 이용하고 있어요. 손쉽게 정보를 모으고 활용할 수 있는 정보화 사회라고 할 수 있답니다.

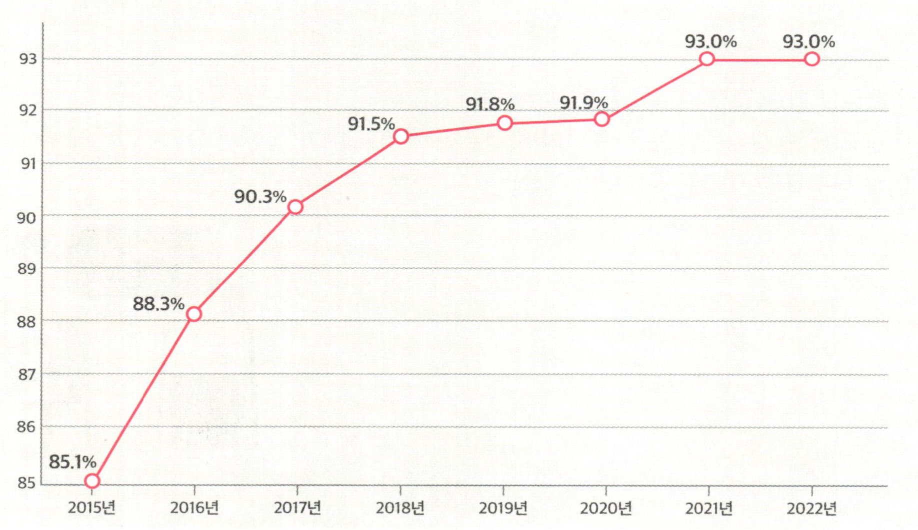

(출처: 우리나라 인터넷 이용률, KOSIS 통계놀이터 / 과학기술정보통신부, 「인터넷이용실태조사」)

실생활 개념어 활용 문장 **정보화** 시대에는 인터넷으로 무엇이든 할 수 있어.

나만의 말로 표현해보기

SNS

내가 읽은 횟수

상위어 정보화　**비교 단어** 빅데이터, AI　**관련 단어** 개인 정보
교과서에서는? 정보화 사회에서는 많은 사람들이 SNS를 통해 서로의 소식을 쉽게 주고받고 있습니다.

온라인에서 사람들과 관계를 맺고 정보와 의견을 나누는 서비스를 **SNS** social network service 또는 '사회 관계망 서비스'라고 해요.

? 궁금해요

✔ SNS에서는 무엇을 할 수 있나요?

SNS에서는 친구와 메시지, 사진, 영상을 주고받으며 이야기를 나눌 수 있어요. 내가 찍은 사진이나 영상을 올릴 수 있고, 친구의 사진이나 영상을 구경할 수도 있어요. 정보를 주고받거나 글을 쓰고 서로의 생각을 나누기도 해요.

✔ SNS 이용의 좋은 점과 주의할 점은 무엇인가요?

SNS가 있으면 세계 곳곳의 소식을 바로 들을 수 있고, 전 세계 사람들과 친구가 될 수 있어요. 하지만 거짓 정보에 속을 수 있고, 나의 개인 정보와 사생활이 드러나기 쉬워 주의가 필요해요.

✔ 해시태그(#)는 무엇인가요?

해시태그는 단어 앞에 #을 붙여 어떤 정보와 관련 있는지 표시하는 거예요.
해시태그는 필요한 자료를 쉽게 찾을 수 있게 도와줘요.

실생활 개념어 활용 문장　여행지에서 찍은 사진을 SNS에 올렸어.

나만의 말로 표현해보기

빅데이터[*]

상위어 정보화 **비교 단어** SNS, AI
관련 단어 개인 정보

디지털 환경에서 만들어지는 여러 가지 많은 양의 정보를 **빅데이터**라고 해요.

? 궁금해요

✓ 빅데이터의 예에는 무엇이 있나요?

어떤 인터넷 사이트에 들어갔는지, 얼마나 자주 들어갔는지, 사이트에서 무엇을 찾아보았고 남긴 글의 내용은 무엇인지, 어떤 물건을 샀고 상품평을 어떻게 남겼는지 등이 모두 빅데이터가 될 수 있어요. 빅데이터는 종류와 형태가 매우 다양하답니다.

✓ 빅데이터는 어떻게 활용되나요?

빅데이터를 잘 이용하면 사람들이 좋아하는 것, 관심을 보이는 것 등을 알아내고 사람들의 다음 행동을 짐작할 수 있어요. 내가 '자동차' 영상을 보고 있을 때, '자동차'와 관련된 다른 영상들이 추천 동영상으로 뜨는 것이 빅데이터가 쓰인 예랍니다.

✓ 빅데이터 전문가는 무슨 일을 하나요?

빅데이터 전문가는 빅데이터 분석을 통해 도움이 되는 정보를 찾아 제공하는 일을 해요.

실생활 개념어 활용 문장	**빅데이터**를 사용하면 많은 사람들의 의견을 모아 더 좋은 결정을 내릴 수 있어.
나만의 말로 표현해보기	

AI(인공지능)

상위어 정보화   비교 단어 SNS, 빅데이터   관련 단어 개인 정보
교과서에서는? 정보화 사회에서는 인공지능이 우리의 삶을 더욱 편리하고 효율적으로 만들어 줍니다.

인간처럼 학습하고 생각하며 문제를 해결하는 컴퓨터 프로그램을 **AI** 인공지능 Artificial Intelligence 라고 해요.

? 궁금해요

✔ 인공지능과 컴퓨터 프로그램은 다른 건가요?

컴퓨터 프로그램은 프로그래머가 만든 규칙에 따라 정해진 일을 해요. 하지만 인공지능은 스스로 학습하고 생각하는 능력이 있어 지능적으로 문제를 해결할 수 있어요.

✔ 스마트폰에도 인공지능 기술이 쓰이나요?

음성 비서 서비스와 카메라 기능 중 얼굴 인식 기능도 인공지능 기술이에요. 문자 메시지를 보낼 때 몇 글자만 써도 단어가 자동으로 완성되는 것도 인공지능 기술이랍니다.

✔ 인공지능이 있으니 복잡하고 어려운 공부는 안 해도 되나요?

인공지능이 아무리 똑똑해도 인공지능을 어떻게 쓸지 결정하는 것은 인간만이 할 수 있어요. 인공지능을 바르고 효과적으로 쓰는 방법을 익혀서 더 나은 세상을 만들어 가기 위해서는 공부를 계속 해야 하죠.

✔ AI 엔지니어는 무슨 일을 하나요?

AI 엔지니어는 필요한 기능을 갖춘 AI를 설계하고 개발하는 일을 해요.

실생활 개념어 활용 문장	AI 번역기는 우리가 외국어를 몰라도 다른 나라 사람들과 쉽게 대화할 수 있게 도와줘.
나만의 말로 표현해 보기	

개인 정보

상위어 정보화 **관련 단어** SNS, 빅데이터, AI

교과서에서는? 정보화가 빠르게 진행됨에 따라 개인 정보 유출의 문제도 생겨났습니다.

성명, 주민 등록 번호 및 영상 등 개인을 알아볼 수 있는 모든 정보를 **개인 정보**라고 해요.

❓ 궁금해요

✔ **생일은 개인 정보인가요?**

생년월일만으로는 누구인지 알아볼 수 없어 개인 정보가 아니에요. 하지만 생년월일이 이름 등 다른 정보와 합쳐지면 개인 정보가 될 수 있어요. 이름과 생년월일 정보를 가지고 누구인지 찾을 수 있기 때문이에요.

✔ **내 개인 정보가 나도 모르게 다른 사람들에게 알려지면 어떤 문제가 발생하나요?**

다른 사람이 내 이름으로 인터넷 사이트에 들어갈 수 있고, 나의 비밀이나 개인적인 일을 알게 될 수도 있어요. 또 돈을 잃거나 누군가 나의 이름을 사용해 범죄를 일으킬 수도 있어요.

✔ **개인 정보를 보호하기 위해 어떻게 해야 하나요?**

먼저 복잡한 비밀번호를 만들고 자주 바꿔야 해요. 그리고 누가 보냈는지 모르는 이메일이나 문자는 열어보지 않아야 해요. 또 경품 이벤트에 참여하기 위해 개인 정보를 입력할 때는 매우 조심해야 한답니다. 택배를 받은 후에는 상자 겉에 붙어 있는 이름, 주소, 전화번호 등이 적힌 종이를 잘 떼어낸 다음에 상자를 버려야 해요.

✔ **디지털 장의사는 무슨 일을 하나요?**

디지털 기록으로 고통받는 사람들을 위해 온라인 상의 계정, 인터넷 게시물, 사진 등을 삭제하는 일을 해요.

실생활 개념어 활용 문장 인터넷에서 회원 가입을 할 때는 이름, 주소 같은 개인 정보를 조심해서 입력해야 해.

나만의 말로 표현해보기

저작권 著 나타날 저 作 지을 작

관련 단어 정보화

교과서에서는? 다른 사람의 저작물을 소중하게 생각하여 저작권을 침해하지 않도록 해야 합니다.

글, 음악, 영상 등 창작물독창적으로 만들어낸 예술 작품을 만든 사람이 가지는 권리를 **저작권**이라고 해요.

? 궁금해요

✔ 저작권은 왜 보호해야 하나요?

글, 음악, 영화 등 창작에는 시간과 노력이 들어가요. 또 창작자는 자신이 만든 작품으로 돈을 벌어 살아가요. 저작권 보호는 창작자의 노력을 인정하고, 재산을 보호해 주는 것이에요. 이렇게 하지 않으면 창작자는 결국 더 좋은 작품을 만드는 데 시간과 노력을 들이는 대신 생활을 위해 다른 일을 하게 될 거예요. 결국 전체 문화 발전에도 나쁜 영향을 미치게 되죠.

✔ 저작권이 사라지기도 하나요?

만든 사람이 죽은 지 70년이 지나면 저작권 보호 기간이 끝나요. 예를 들어 유명한 작품인 '모나리자' 그림은 레오나르도 다빈치가 죽은 지 70년이 지나 누구나 자유롭게 이용할 수 있어요.

✔ 초등학생 친구의 글, 그림, 동영상에도 저작권이 있는 건가요?

초등학생이라도 직접 창작한 글이나 그림, 동영상에 대한 저작권은 창작자에게 있어요. 예를 들어 친구가 만든 동영상을 건네받았더라도, 다른 사람에게 영상을 보내려고 한다면 반드시 창작자인 친구의 허락을 받아야 해요.

실생활 개념어 활용 문장 우리가 좋아하는 그림책이나 동요는 모두 **저작권**이 있어서 허락 없이 복사하면 안 돼.

나만의 말로 표현해보기

저출산과 고령화

내가 읽은 횟수

상위어 인구, 인구 구성　**관련 단어** 실버산업
교과서에서는? 고령화 현상으로 노인 인구는 조금씩 늘어나고 있지만, 어린이의 수는 크게 줄어들고 있습니다.

아이를 적게 낳는 것을 **저출산**이라고 해요. 노인은 점점 많아지고 어린이와 젊은 사람은 적어지는 상태를 **고령화**라고 하죠.

❓ 궁금해요

✓ 우리나라는 저출산 국가인가요?

우리나라 여성 1명이 평생 낳을 것으로 예상되는 자녀의 수가 2024년 기준 약 0.75명이라고 해요. 우리나라는 저출산 국가 중에서도 초저출산 국가에 해당해요.

✓ 우리나라는 고령 사회인가요?

65세 이상 인구가 전체 인구의 7% 이상일 때 고령화 사회라고 하고, 14% 이상이면 고령 사회, 20% 이상이면 초고령 사회라고 말해요. 우리나라 65세 이상 인구는 2024년 기준 19.2%로 우리나라는 고령 사회라고 할 수 있어요.

✓ 저출산·고령 사회의 문제는 무엇인가요?

인구가 줄어들면 시장에서 물건을 사줄 사람들이 줄어들어 우리나라 경제가 어려워질 수 있어요. 또 일할 수 있는 젊은 사람들이 줄어들면 세금을 내는 사람들도 줄어들어요. 사람들이 내는 세금이 적어지면 국가 운영에 문제가 생길 수 있어요. 나라가 점점 어려워지고 국민들의 생활도 힘들어지죠.

실생활 개념어 활용 문장　**저출산**과 **고령화**로 인해 아이들은 줄어들고, 할아버지와 할머니들은 점점 많아지고 있어.

나만의 말로 표현해보기

실버산업

내가 읽은 횟수

관련 단어 인구, 인구 구성, 고령화

교과서에서는? 실버산업이 발달하여 할아버지와 할머니를 위한 시설이 늘어났습니다.

노인을 위한 물건 또는 서비스를 만들거나 파는 일을 **실버산업**이라고 해요. '실버(silver)'는 노인들을 이르는 말로 머리색이 은백색으로 바뀌는 것에서 나왔어요.

? 궁금해요

✓ **실버산업이 중요해진 까닭은 무엇인가요?**
고령화의 빠른 진행으로 노인 인구가 많아지면서 노인을 위한 산업이 중요해졌어요.

✓ **실버산업에는 어떤 것들이 있나요?**
노인이 살기 편한 집, 쉬면서 병을 치료할 수 있는 곳과 건강식품, 스포츠 용품 등 다양한 종류가 있어요.

✓ **뉴 실버 세대는 누구인가요?**
정년퇴직 정해진 나이에 직장에서 물러나는 것 후에도 활발한 활동을 하는 어르신들을 말해요. 적극적으로 일자리를 찾고, 운동과 여행을 하는 등 사회와 경제에 영향을 주는 어르신을 가리키는 말이에요.

✓ **노년 플래너는 무슨 일을 하나요?**
노년 플래너는 노인들이 나이가 들었어도 건강하고 행복한 생활을 할 수 있도록 건강과 정서, 경제적인 부분에 대한 준비를 하게 도와줘요. 전문적인 도움을 주죠.

실생활 개념어 활용 문장	실버산업 덕분에 어르신들을 위한 편안한 집과 병원이 늘어나고 있어.
나만의 말로 표현해보기	

가족 家 집 가 族 겨레 족

관련 단어 성 역할, 양성평등, 다문화

교과서에서는? 가족의 형태는 각각 다르지만 서로 의지하고 사랑하는 모습은 비슷합니다.

결혼, 혈연, 입양 등을 통해 맺어진 사람들을 **가족**이라고 해요.

? 궁금해요

✔ 가족의 모습은 여러 가지인가요?

우리 사회에는 다양한 모습의 가족이 있어요.

핵가족	확대 가족
결혼하지 않은 아이가 부모와 함께 사는 가족	결혼한 아들이나 딸이 부모와 함께 사는 가족
재혼 가족	입양 가족
재혼(두 번 결혼함)으로 이루어진 가족	입양(혈연과 상관없이 부모와 자식의 관계를 맺는 것)을 통해 이루어진 가족
한부모 가족	조손(조부모와 손주) 가족
어느 한 쪽의 부모와 아이로 이루어진 가족	부모 없이 할머니·할아버지가 손자·손녀와 함께 사는 가족

✔ **같이 사는 반려동물도 가족인가요?**

오늘날 반려동물을 키우는 사람들이 점점 많아지고 있어요. 이에 따라 반려동물을 가족처럼 느끼는 사람들이 늘어나고 있죠. 하지만 동물은 법적으로 가족이 될 수 없어요.

✔ **부부 가족 상담 전문가는 무슨 일을 하나요?**

부부 가족 상담 전문가는 부부와 가족 간의 갈등 해결을 도와요. 또 행복하고 건강한 가정 환경을 만들고 유지하는 데 도움을 주는 일을 해요.

실생활 개념어 활용문장	**가족**은 서로를 돌보고 사랑하는 소중한 사람들이야.
나만의 말로 표현해 보기	

성 역할과 양성평등　性 성품 성 남성과 여성

관련 단어 가족

교과서에서는? 남자와 여자의 역할이 다르다는 편견 때문에 차별이 나타납니다.

남자와 여자에게 기대되는 역할을 **성 역할**이라고 해요. 남자 여자 관계없이 똑같은 기회가 주어지고 같게 대우받는 것을 **양성평등**이라고 해요.

? 궁금해요

✔ 성별과 성 역할은 같은 건가요?

성별은 남자나 여자를 의미해요. 몸의 특징으로 구분할 수 있답니다. 하지만 성 역할은 사람들의 생각이에요. 어떤 일을 하거나 어떤 행동을 할 때, 그것이 남자나 여자에게 더 잘 어울린다고 생각하는 것을 의미해요.

✔ 성 역할은 정해져 있나요?

성별과 달리 성 역할은 태어날 때부터 정해져 있는 것이 아니에요. 자라면서 자연스럽게 만들어지는 것이랍니다. 정해진 역할이 없기에 남자와 여자 모두 자라면서 자신이 원하는 역할을 선택할 수 있어요.

✔ 성차별은 무엇인가요?

남성이라는 이유로, 여성이라는 이유로 차별하는 것을 말해요. 성차별 없이 똑같이 기회를 얻고 대우받는 것이 양성평등이에요.

✔ 성차별의 예에는 무엇이 있나요?

✓ 우리나라의 양성평등 수준은 어느 정도인가요?

2021년 유엔개발계획(UNDP)에 따르면, 우리나라는 세계 168개국 중 양성평등 정도에서 15위를 차지했습니다. 우리나라의 경제가 발전하고 교육 수준이 높아지면서 점차 양성평등 사회로 변화하고 있어요.

✓ 양성평등을 실천하기 위해 할 수 있는 일들에는 무엇이 있나요?

부모님을 도와 집안일을 해보는 것이 시작이에요. 다양한 집안일을 경험해 보며 성 역할에 대한 균형 잡힌 생각을 기를 수 있어요. 또 친구들과 대화할 때 차별 없이 말하는 노력을 해야 해요. 예를 들어 "남자가 왜 울어?"와 같이 성별에 대한 치우친 생각이 담긴 말을 사용하지 않아야 해요. 만약 성차별이 담긴 말이나 행동을 하는 친구를 만났을 때는 "그건 치우친 생각이야."라고 말해줄 수 있는 용기가 필요해요.

✓ 양성평등을 위해 우리나라는 어떤 노력을 하고 있나요?

양성평등을 위한 법을 만들고 사람들이 지키도록 하고 있어요. 예를 들어 취직을 하거나 승진을 할 때 양성평등법에 따라 남녀 차별을 할 수 없어요. 또 사회 곳곳에서 여성의 참여를 늘리는 법도 만들었어요. 양성평등 교육을 통해 학생들에게 균형 잡힌 생각을 길러 주고자 노력하고 있답니다.

✓ 양성평등 컨설턴트는 무슨 일을 하나요?

양성평등 컨설턴트는 기업이나 단체에서 양성평등 정책 및 프로그램을 개발하고 진행하는 데 도움을 주는 일을 해요.

실생활 개념어 활용 문장	성 역할에 얽매이지 않고 각자 하고 싶은 일을 선택할 수 있어.
나만의 말로 표현해보기	

다문화 多 많을 다

내가 읽은 횟수 ☐ ☐ ☐

비교 단어 세계화 **관련 단어** 가족, 민족, 인종 차별

교과서에서는? 다문화 사회에서는 서로 다른 문화를 이해하고 존중하려고 노력해야 합니다.

한 사회 안에 여러 민족이나 국가 등의 다양한 문화가 섞여 있는 것을 **다문화**라고 해요.

? 궁금해요

✔ **우리나라는 다문화 사회인가요?**

2022년 우리나라에 사는 외국인은 226만 명 정도로 전체 인구의 4.4%에 해당해요. 우리나라에 사는 사람이 100명이라면 4~5명은 외국인이라는 뜻이랍니다. 우리나라에 사는 외국인이 많아짐에 따라 우리나라도 다문화 국가로 변화하고 있어요.

✔ **다문화 사회로 변화한 까닭은 무엇인가요?**

세계화로 전 세계가 가까워진 결과 공부나 일을 하기 위해 우리나라에 사는 외국인이 많아졌어요. 또 외국인과 결혼하는 우리나라 사람들도 많아졌고, 이민을 오는 사람들도 많아졌기 때문이에요.

✔ **다문화 사회에서는 어떤 마음을 가져야 하나요?**

문화적 차이를 인정하고 존중하는 마음이 필요해요. 외국인이 우리 문화를 배울 수 있도록 돕고, 차별하지 않아야 해요.

실생활 개념어 활용 문장	**다문화** 행사가 열리면 세계 각국의 다양한 음식과 노래를 즐길 수 있어.
나만의 말로 표현해보기	

세계화

世 인간 세　界 지경 계　化 될 화

비교 단어 다문화　**관련 단어** 민족

교과서에서는? 세계화의 영향으로 세계 여러 나라의 다양한 문화를 접할 수 있습니다.

내가 읽은 횟수

전 세계가 서로 영향을 주고받으며 지구가 하나의 마을처럼 가까워지는 현상을 **세계화**라고 해요.

❓ 궁금해요

✓ 세계화로 우리의 생활은 어떻게 달라졌나요?

해외 여행을 가거나 해외에서
직장을 구하기 쉬워졌어요.

세계 곳곳에서 만들어진
물건을 살 수 있어요.

전 세계의 뉴스를
빠르게 알 수 있어요.

✓ 세계화의 문제점은 무엇인가요?

세계화가 활발해짐에 따라 전 세계의 문화는 점점 비슷해지고 있어요. 그로 인해 우리 전통문화가 사라질 위험에 처해 있기 때문에 우리 문화를 잘 지키기 위해 노력해야 합니다. 예를 들어 아름다운 순우리말을 자주 사용하고, 우리의 음식·놀이·문화유산 등을 가까이 해야 해요. 우리 문화의 아름다움을 이해하는 것이 우리 전통문화를 지키기 위해 할 수 있는 일이에요.

실생활 개념어 활용 문장

세계화 덕분에 다른 나라 친구들과 쉽게 소통할 수 있어.

나만의 말로 표현해보기

경
제

초등학생을 위한 거의 모든 사회 개념어

경제활동

하위어 생산, 소비

교과서에서는? 우리는 필요한 물건과 서비스를 얻기 위해 다양한 경제활동을 합니다.

우리가 살아가는 데 필요한 여러 가지를 만들고 사용하는 것과 관련된 모든 것을 **경제활동**이라고 해요.

❓ 궁금해요

✔ 경제활동은 무엇인가요?

우리 생활에 필요한 물건이나 서비스를 만드는 생산 활동과 돈을 주고 물건이나 서비스를 사는 소비 활동을 말해요.

장난감을 공장에서 만드는 것
장난감 가게에서 장난감을 파는 것

만들어진 옷을 운반하는 것
옷을 사는 것

✔ 경제활동은 어디에서 이루어지나요?

개인이나 가계, 기업과 같이 모든 사람들은 소비와 생산 활동을 하고 있어요. 이렇게 생산과 소비가 일어나는 모든 장소에서 경제활동이 이루어져요.

✔ 초등학생도 경제활동을 할 수 있나요?

어린이도 부모님께 용돈을 받아 관리하고 학용품을 사거나 간식을 사먹어요. 이처럼 일을 하며 돈을 버는 어른뿐 아니라, 용돈으로 소비 활동을 하는 초등학생들도 경제활동을 하고 있답니다.

✔ 경제활동을 잘하면 우리에게 어떤 좋은 일이 생길까요?

사람들이 일자리를 얻고, 모두가 필요한 물건을 더 쉽게 구할 수 있지요. 그래서 사회는 더 잘 돌아가고, 학교나 병원 같은 중요한 곳도 잘 운영될 수 있어요. 모두가 행복하고 편리한 생활이 가능해지죠.

✔ 돈을 안 쓰면 모두 부자가 될까요?

소비를 하지 않으면 기업은 돈을 벌 수 없고, 돈이 없으면 기업은 문을 닫게 되요. 이로인해 일자리가 사라지고, 결국 생산 활동도 멈추죠. 물건을 사거나 서비스를 이용하며 적절히 돈을 써야 기업이 잘되고 기업에서 일을 하는 사람은 돈을 벌 수 있어요. 이처럼 필요한 곳에 돈을 쓰는 현명한 소비를 하는 것이 우리 경제생활에 꼭 필요하답니다.

실생활 개념어 활용 문장	아빠가 회사에서 일해서 돈을 벌고, 엄마가 시장에서 장을 보는 것도 **경제활동**이야.
나만의 말로 표현해 보기	

경제 **2**

생산

상위어 경제활동 **비교 단어** 소비

교과서에서는? 다양한 생산 활동의 종류를 알아봅시다.

우리가 생활하는 데 필요한 여러 가지 물건이나 편리한 서비스를 만들어 내는 것을 **생산**이라고 해요.

? 궁금해요

✓ **생산에 필요한 것은 무엇인가요?**

생산에는 땅(토지), 일할 사람(노동), 돈(자본)이 필요해요.

✓ **생산의 종류에는 무엇이 있나요?**

생산은 토지土地 흙 토, 땅 지, 노동勞動 일할 노, 움직일 동, 자본資本 재물 자, 근본 본과 같이 생산 요소를 이용하여 눈에 보이는 물건을 만드는 거예요.

젖소 농장(토지)	노동자(노동)	공장, 기계(자본)

하지만 생산 활동에는 선생님이 아이들을 가르치는 것, 버스 기사가 승객을 태우고 이동하는 것, 의사가 병원에서 환자를 치료하는 것 등과 같이 사람들의 생활에 필요한 일을 해 주고 돈을 버는 눈에 보이지 않는 활동도 있어요.

✓ **생산 활동을 하는 장소에 따라 산업이 나뉘나요?**

1차 산업	들, 바다, 땅속과 같은 자연에서 물건을 생산하는 활동
2차 산업	1차 산업의 생산품을 재료로 공장에서 다른 물건을 만들어내는 것 예를 들어 쌀로 떡을, 생선으로 통조림을, 철로 자동차를 만들어요.
3차 산업	물건이 아닌 서비스를 만드는 것 방송에서 볼 수 있는 연예인이 우리를 위해 일을 하며 돈을 버는 것과 같은 활동을 의미해요.

실생활 개념어 활용 문장 농장에서 사과를 **생산**해서 슈퍼마켓에 가져다주는 거야.

나만의 말로 표현해보기

소비

消 사라질 소 費 쓸 비 돈 등을 써서 없앰

상위어 경제활동　**비교 단어** 생산

교과서에서는? 우리 주변에서 볼 수 있는 소비 활동을 찾아봅시다.

생산한 물건이나 서비스를 돈으로 사서 사용하는 것을 **소비**라고 해요. 이렇게 쓰는 활동을 소비 활동이라고 하죠.

❓ 궁금해요

✔ 소비자는 누구인가요?

생산자 물건을 만드는 사람 가 만든 물건이나 서비스를 돈을 주고 사서 쓰는 사람들을 말해요.

✔ 어린이도 소비자가 될 수 있나요?

어린이가 직접 돈을 벌기는 어렵지만 집안일을 돕고 부모님께 용돈을 받지요. 용돈을 받아서 원하는 물건을 사거나 영화를 보거나 간식을 사먹는 직적접인 소비 활동에 참여해요. 또 요즘은 물건을 사거나 서비스를 이용할 때 자녀의 의견을 참고하는 부모들이 점점 많아지고 있어요. 따라서 어린이도 소비에 영향을 주는 중요한 소비자랍니다.

✔ 돈은 왜 아껴 써야 하나요?

소득이 정해져 있기 때문에 우리가 원하는 것을 다 가질 수는 없어요. 따라서 물건을 사기 전에 꼭 필요한 것인지 생각해 보고 계획에 따라 돈을 써야 해요. 꼭 필요한 소비를 하고 불필요한 소비를 하지 않는 현명한 소비자가 되어야 해요.

✔ 슬기로운 경제생활은 무엇일까요?

돈을 무조건 아끼거나 낭비하는 것은 경제생활에 나쁜 영향을 줄 수 있기 때문에 우리는 합리적인 소비 습관이 필요해요. 용돈기입장을 쓰는 것은 돈을 사용하는 데에 대한 계획을 미리 세워 필요하지 않은 낭비를 줄이고 꼭 필요한 곳에 돈을 쓰는데 도움을 줄 수 있어요.

실생활 개념어 활용 문장　우리가 아이스크림을 사 먹는 것은 돈을 **소비**하는 거야.

나만의 말로 표현해보기

가계 家 집 가 計 셀 계

상위어 경제활동   **비교 단어** 시장, 기업

교과서에서는? 가계가 합리적인 선택을 하기 위해 고려해야 할 점을 알아봅시다.

경제생활을 함께하는 가정을 **가계**라고 해요.

? 궁금해요

✓ 가계에서 하는 일은 무엇인가요?

가계는 일을 통해 생산 활동을 하고 그것에 대한 대가로 돈이나 물건을 얻어요. 이렇게 얻은 것을 '소득'이라고 하고, 이 소득으로 소비를 하며 생활한답니다.

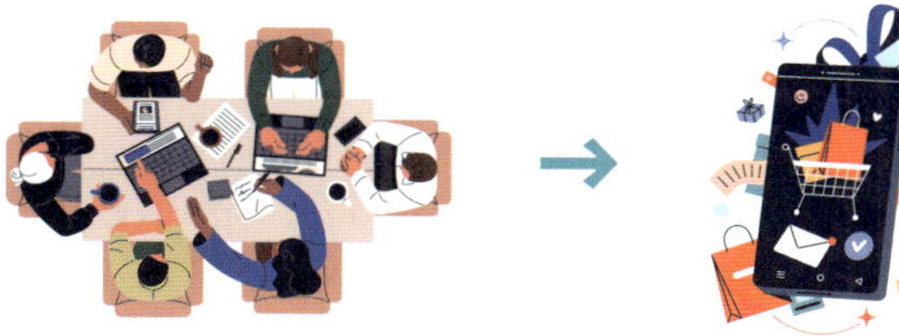

✓ 가계에서 이루어지는 생산과 소비 활동은 무엇인가요?

- 부모님은 회사에서 일을 하고 월급을 받아요. (생산)
- 은행에 돈을 저축해 이자를 얻어요. (생산)
- 오빠는 극장에서 영화를 관람해요. (소비)
- 주말에 가족들과 함께 외식을 해요. (소비)

✓ '가계'와 '가게'의 차이점은 무엇인가요?

가계는 경제생활을 함께 하는 가정을 의미하고, 가게는 물건을 파는 작은 크기의 상점이에요.

✓ '가계부'는 무엇인가요?

가계부는 내가 쓴 돈과 받은 돈을 적는 노트예요. 매일 쓴 돈과 받은 돈을 적어서 나중에 얼마나 남았는지 확인할 수 있어요. 이렇게 하면 돈을 더 잘 관리할 수 있죠.

실생활 개념어 활용 문장	우리 **가계**는 엄마, 아빠, 그리고 나까지 모두 함께 돈을 관리해.
나만의 말로 표현해보기	

시장

市 저자 시 場 마당 장

상위어 경제활동　**비교 단어** 가계, 기업

교과서에서는? 우리는 시장에서 생산과 소비의 모습을 다양하게 볼 수 있습니다.

내가 읽은 횟수

여러 가지 물건을 사고팔거나 서비스를 이용하려는 사람들이 만나는 곳을 **시장**이라고 해요.

? 궁금해요

✓ 시장은 왜 생겨났나요?

옛날 사람들은 필요한 물건을 직접 만들어 내거나 물물교환 돈으로 사는 것이 아니라 물건과 물건을 맞바꾸는 것으로 구했어요. 시간이 흘러 사람들은 일정 장소에 모여 여러 가지 물건을 서로 바꾸거나 사고팔았어요. 이렇게 시장이 생겨났어요.

✓ 시장은 어디에 만들어지나요?

시장은 사람들이 많이 모일 수 있고 물건을 운반하기 좋은, 교통이 편리한 장소에 만들어져요. 하지만 최근에는 정보 통신이 발달하면서 특정한 장소에 가지 않고도 물건을 살 수 있어요. 인터넷으로 물건을 사고파는 인터넷 쇼핑이나 텔레비전에서 방송되는 홈쇼핑을 통해 필요한 물건을 사고팔기도 하죠. 이처럼 장소에 상관없이 거래가 이루어지는 모든 곳을 우리는 시장이라고 해요.

✓ 시장은 어떤 모습인가요?

시골의 장터, 가게들이 이어져 있는 전통 시장, 백화점, 편의점, 물건을 조금 싸게 살 수 있는 대형 마트와 같이 한 공간에 물건들을 쌓거나 늘어놓고 거래가 이루어져요.

전통 시장	대형 마트	전자 상거래 시장
옛날부터 사람들이 모여 물건을 사고팔던 시장	큰 슈퍼마켓 또는 백화점과 같이 공산품(원재료를 사람이나 기계를 이용하여 만든 물품)을 파는 규모가 큰 마트	인터넷 쇼핑, 텔레비전에서 방송되는 홈쇼핑을 통해 물건을 찾고 구매하는 시장
예 야채를 팔아요. 생선을 팔아요.	예 옷을 팔아요. 신발, 화장지가 있어요.	예 영화 티켓을 주문해요. 홈쇼핑으로 옷을 구매해요.

✔ 또 다른 시장에는 무엇이 있나요?

눈에 보이지 않는 것을 파는 시장도 있어요. 바로 서비스 ^{사람들에게 도움이나 즐거움, 다른 사람을 만족시키는 일을 하는 것} 거래가 이루어지는 서비스 시장이에요.

부동산 시장	노동 시장	주식 시장	외환 시장
부동산(땅이나 집, 건물 등과 같이 움직여 옮길 수 없는 재산)을 사고팔아요.	사람들은 일할 곳을 찾고 기업은 필요한 사람을 뽑는 시장을 말해요. 노동 시장은 일할 사람과 기업을 연결해 줘요.	회사의 주식(회사의 작은 부분을 사는 것으로, 주식을 사면 그 회사의 일부를 갖게 됨.)을 사고팔아요.	각 나라의 화폐를 거래하고 사고팔아요.

✔ 시장의 종류에는 무엇이 있나요?

시장은 파는 물건, 열리는 때, 물건을 파는 방법에 따라 종류가 나뉘어요.

파는 물건에 따른 분류	열리는 때에 따른 분류	물건을 파는 방법에 따른 분류
• 채소나 곡식, 과일을 파는 농산물 시장 • 생선이나 조개 등을 파는 수산 시장 • 전자 제품만 모아 놓고 파는 전자 시장	• 항상 열리는 시장인 상설 시장 • 3일장, 5일장 등 일정한 기간마다 한 번씩 열리는 시장인 정기 시장	• 물건을 다시 팔 상인들에게 싼값으로 아주 많이 파는 도매 시장 • 물건을 사용하는 사람에게 직접 파는 소매 시장

실생활 개념어 활용 문장	주말에 가족과 함께 시장에 가서 신선한 과일을 사자!
나만의 말로 표현해 보기	

기업

내가 읽은 횟수 ☐☐☐

상위어 경제활동 **비교 단어** 시장, 가계

교과서에서는? 기업은 이윤을 얻기 위해 경제활동을 합니다.

재산상의 이익을 얻기 위해 물건과 서비스를 만들어서 판매하는 조직을 **기업**이라고 해요

❓ 궁금해요

✔ 기업이 하는 일은 무엇인가요?

기업은 사람들에게 일자리를 제공해요. 사람들에게 필요한 물건이나 서비스를 만들어 팔아서 이익을 얻어요.

✔ 기업은 어떻게 나눌 수 있나요?

규모가 큰 기업을 대기업, 비교적 규모가 작은 기업을 중소기업이라고 해요. 또 국가에서 운영하는 공기업과 개인이 운영하는 사기업으로 구분할 수 있어요.

✔ 가계와 기업은 어떤 관계가 있나요?

가계 ➡ 기업 가계 구성원은 기업에서 일을 해요. 가계는 기업의 물건이나 서비스를 구입해요.

기업 ➡ 가계 기업은 가계에 일자리를 마련해 주고 물건이나 서비스를 제공해요.

✔ 벤처기업은 어떤 곳인가요?

벤처기업은 새롭고 특별한 아이디어로 시작하는 작은 회사예요. 이 회사들은 아직 잘 알려지지 않았지만 재미있고 창의적인 제품이나 서비스를 만들려고 해요. 벤처기업은 큰 성공을 목표로 열심히 노력하고 있어요.

실생활 개념어 활용 문장 **기업**은 다양한 제품을 만들어서 사람들에게 판매해.

나만의 말로 표현해 보기

소득

상위어 경제활동, 생산　**비교 단어** 이자, 소비

교과서에서는? 소득으로 여러 가지 소비 활동을 합니다.

내가 읽은 횟수 □ □ □

생산 활동을 하고 받은 돈을 **소득**이라고 해요.

? 궁금해요

✓ 소득은 어떻게 생겨나나요?

소득은 일하거나 사업을 하거나 재산에서 얻는 다양한 방식으로 생길 수 있어요

회사에서 부지런히 일하고 받는 월급	가게나 회사를 운영하고 얻은 소득	땅이나 집을 빌려 주고 받는 돈	저축을 하고 추가로 조금 더 받는 돈

✓ 저축은 왜 해야 해요?

저축을 하면 돈을 차곡차곡 모을 수 있어요. 이렇게 돈이 모이면 큰 돈이 필요할 때나 갑작스러운 일이 생겼을 때 사용할 수 있답니다.

✓ 가계 소득은 무엇인가요?

가계 소득은 가족이 일해서 벌어온 돈이나 장사를 해서 번 돈, 집세나 이자 같은 재산에서 나오는 돈을 모두 포함한 것을 말해요. 이 돈은 식사나 옷, 집세 같은 필요한 것들을 사는 데 쓰거나, 나중에 사용할 수 있도록 저축할 수도 있어요. 가정에서 경제를 잘 관리하려면 벌어들인 돈과 쓸 돈을 잘 나누어 계획적으로 사용하는 것이 중요해요. 이렇게 해서 수입과 지출이 잘 맞아야 가정 경제가 건강하게 유지될 수 있어요.

실생활 개념어 활용 문장　용돈을 받거나 아르바이트를 해서 돈을 벌면 그 돈이 바로 **소득**이야.

나만의 말로 표현해보기

이자 利 이로울 이 子 아들 자

상위어 경제활동 **비교 단어** 소득

교과서에서는? 이자는 돈을 빌렸을 때 은행에서 받는 추가적인 돈을 말합니다.

돈을 빌려 쓰고 그것에 대한 값으로 빌려준 사람에게 조금 더 주는 돈을 **이자**라고 해요.

? 궁금해요

✓ 이자의 종류에는 무엇이 있나요?

돈을 은행에 저축하면 얼마의 기간이 지난 다음 맡긴 돈 말고 얼마의 돈을 더 받아요. 이것을 '예금 이자'라고 해요. 예금은 돈을 맡기는 것을 말해요. 반대로 은행에서 돈을 빌릴 때 빌린 돈 말고 조금 더 은행에 내는 돈을 '대출 이자'라고 해요. 대출은 돈이나 물건을 빌리는 것을 말해요.

✓ 은행에 돈을 맡기면 왜 이자를 주나요?

우리가 은행에 돈을 맡기면 은행은 그 돈을 다시 돈이 필요한 사람이나 기업에 빌려줘요. 그리고 은행은 돈을 빌려주는 대신 이자를 받아요. 그 이자를 은행과 돈을 맡긴 사람이 나누어 가져요.

✓ 예금에는 어떤 것들이 있나요?

보통 예금	언제든지 돈을 넣거나 뺄 수 있어서 이자가 적어요.
정기 예금	돈을 한 번에 맡기고 정해진 기간이 지나면 이자와 함께 찾을 수 있어요. 보통 기간이 길면 이자가 더 많아요.
정기 적금	매달 일정한 돈을 모아서 정해진 기간이 끝나면 이자와 함께 찾을 수 있어요. 보통 기간이 길면 이자가 더 많아요.

실생활 개념어 활용 문장 10,000원을 은행에 넣어 두었더니 몇 달 후에 **이자**로 500원을 더 받을 수 있었어.

나만의 말로 표현해보기

경제
9

자원

資 재물 자 源 근원 원

상위어 생산 **하위어** 희소성, 기회비용

교과서에서는? 자원은 사람들이 필요한 물건을 만들기 위해 사용하는 자연이나 물질을 말합니다.

내가 읽은 횟수

생산 활동에 필요한 재료와 사람의 힘, 기술, 돈과 시간 등을 **자원**이라고 해요

? 궁금해요

✔ 자원의 종류에는 무엇이 있나요?

자연으로부터 얻는 석유나 철, 나무 등과 같은 천연자원, 사람이 가진 기술과 노동력을 뜻하는 사람에 관한 인적 자원, 전통과 문화재와 관련된 문화적 자원이 있어요.

천연자원

인적 자원

문화적 자원

✔ 자원은 영원히 계속 나오나요?

대부분의 자원은 사용할 수 있는 양이 정해져 있어요. 특히 석탄, 석유, 철광석 등과 같은 자원들은 땅속에 묻혀 있는 양이 정해져 있어 언젠가는 사용할 수 없게 된답니다.

✔ 세계 주요 천연자원은 어디에 있나요?

세계의 주요 천연자원은 한 지역에 많이 모여 있어요. 예를 들어 석유는 서남아시아의 페르시아 만 근처에 많고, 석탄은 중국·미국·인도·오스트레일리아에서 많이 나요. 철광석은 브라질·오스트레일리아·중국에서 주로 생산돼요. 그래서 자원이 없는 나라들은 이런 자원을 다른 나라에서 수입해서 사용해요.

실생활 개념어 활용 문장 우리는 **자원**을 잘 아껴서 사용해야 해.

나만의 말로 표현해보기

경제
10

희소성 稀 드물 희 少 적을 소 性 성품 성

상위어 자원   **비교 단어** 기회비용

교과서에서는? 사람들이 원하는 것에 비해 그것들을 모두 가질 수 없는 상태를 희소성이라 합니다.

사람들이 원하는 것이 부족해서 구하기 어렵거나 비싼 상태를 **희소성**이라고 해요.

？ 궁금해요

✓ 자원의 희소성은 변할 수 있나요?

자원의 희소성은 변할 수 있어요. 예를 들어 처음에는 어떤 자원이 아주 귀하고 비쌌지만, 나중에 그 자원을 찾는 방법이 좋아져 충분한 양을 찾을 수 있다면 희소성이 줄어들 수 있어요. 반대로, 자원이 점점 더 부족해지면 희소성이 높아지기도 해요.

✓ 희소성은 왜 생기나요?

자원의 희소성은 자원의 양이 아니라 사람들이 그 자원을 얼마나 원하는지에 따라 달라져요. 예를 들어 금은 실제로 많은 양이 있지만, 금을 원하는 사람이 많아서 가격이 비싸요. 그래서 자원의 희소성이 크고 가격도 높아지게 되는 거예요.

✓ 물보다 다이아몬드는 왜 가격이 비싼가요?

물은 우리가 살아가는 데 꼭 필요한 자원이지만, 많은 양이 있어서 가격이 낮아요. 반면, 다이아몬드는 양이 적고 원하는 사람이 많아서 가격이 비싸지요. 즉 다이아몬드의 희소성이 크고, 물의 희소성은 작아서 물이 더 싸고 다이아몬드가 더 비싼 거예요.

✓ 시대와 장소에 따라 희소성은 달라지나요?

오늘날 쉽게 구할 수 있는 후추는 중세 시대에는 '검은 금'으로 불렸어요. 중세 유럽은 기후 때문에 향신료 음식에 맛과 향을 더해주는 재료 재배가 어려웠지만 고기 맛을 살리려면 후추가 필요했지요. 이처럼 후추를 원하는 사람은 많았지만 공급량이 적어 후추의 가격이 올라 사치품이 되기도 했어요.

실생활 개념어 활용 문장 이 사탕은 하나밖에 없어서 **희소성**이 있어. 그래서 친구와 나 중 한 사람만 이 사탕을 먹을 수 있어.

나만의 말로 표현해보기

기회비용

상위어 자원　**비교 단어** 희소성

교과서에서는? 기회비용은 어떤 선택을 할 때 포기한 다른 선택의 가치를 말합니다.

한 가지를 선택하면 다른 하나는 포기해야 하는데 이 포기한 것을 **기회비용**라고 해요.

? 궁금해요

✓ 기회비용은 왜 생기나요?

친구들이 가지고 있는 용돈은 정해져 있어요. 사고 싶은 모든 것을 살 수 없기 때문에 선택을 해야만 해요. 모든 선택에는 포기하는 것들에 대한 기회비용이 발생한답니다.

✓ 기회비용은 꼭 돈을 의미하나요?

기회비용은 꼭 돈을 의미하는 것은 아니에요. 한정된 자원에는 모두 기회비용이 생겨요. 예를 들어 주말에 가족과의 식사 대신 친구들과의 축구 게임을 선택했다면 가족과 함께한 식사 시간도 기회비용이에요.

✓ 모든 사람이 생각하는 기회비용은 똑같나요?

사람마다 중요하게 생각하는 것이 달라 기회비용은 달라질 수 있어요. 예를 들어 준서와 재인이는 각자 용돈 3,000원을 가지고 있어요. 준서는 좋아하는 핫도그를 사고 장난감을 포기했어요. 재인이는 좋아하는 장난감을 사고 핫도그를 포기했죠. 준서에게는 포기한 장난감이, 재인이에게는 핫도그가 기회비용이에요.

✓ 기회비용을 생각한 합리적인 선택은 무엇일까요?

우리는 시간을 어떻게 사용할지 선택할 때, 가장 소중한 것과 기회비용이 적은 것을 선택해야 해요. 예를 들어 게임을 포기하고 숙제를 해서 뿌듯함을 느꼈다면 더 큰 만족을 느낄 수 있어요. 이렇게 하면 시간과 자원을 잘 활용한 합리적인 선택을 한 거예요.

실생활 개념어 활용 문장	나는 숙제를 하고 싶지만, 만약 숙제를 하면 친구와 놀 시간을 포기해야 해. 그래서 숙제를 선택하면 놀 시간이 **기회비용**이 되는 거야.
나만의 말로 표현해보기	

원산지

原 근원 원 産 낳을 산 地 땅 지

상위어 자원 **비교 단어** 희소성

교과서에서는? 우리 주변에 있는 다양한 물건의 원산지를 알 수 있습니다.

내가 읽은 횟수

물건을 만드는 재료가 나거나 그 재료를 이용해 처음으로 물건이 만들어진 곳을 **원산지**라고 해요.

? 궁금해요

✔ 원산지 표시제는 무엇인가요?

물건의 원산지를 표시하는 거예요. 우리나라는 1991년부터 농산물의 원산지를 반드시 표시하도록 하고 있어요. 우리나라뿐만 아니라 미국, 일본, 유럽 연합 등 많은 국가들이 원산지 표시제를 하고 있어요.

✔ 원산지 표시제는 왜 필요한가요?

원산지를 표시하면 외국에서 들여온 농산물을 국산으로 속여 팔기 어려워요. 싼 값에 사와서 비싸게 속여 팔 수 없게 하는 거죠. 생산자와 소비자를 모두 보호하기 위한 제도예요.

✔ 원산지 표시제는 의무인가요?

농수산물 및 그 가공품은 반드시 원산지를 표시해야 해요. 이 제도는 상품이 어디에서 만들어졌는지 표시하도록 법적으로 요구하는 것이에요. 예를 들어 우리가 대형마트에서 사는 과일이나 음식 포장에 '한국산' 또는 '미국산' 같은 원산지가 적혀 있는 것을 보면, 이는 원산지 표시제 덕분이에요. 이렇게 하면 소비자들은 어떤 나라에서 온 상품인지 알고 구매할 수 있어요.

✔ 원산지는 어떻게 표시되나요?

원산지를 표시하는 방법은 주로 포장지나 라벨에 적는 거예요. 예를 들어 사과 포장지에 '미국산'이라고 적혀 있으면 미국에서 온 사과지요. 온라인 쇼핑에서는 제품 설명에서 원산지를 확인할 수도 있어요.

실생활 개념어 활용 문장 우리가 사는 물건에는 **원산지**가 적혀 있어서 그 물건이 어느 나라에서 온 건지 알 수 있어.

나만의 말로 표현해보기

경제
13

재화

財 재물 재 貨 재물 화

상위어 경제활동 **비교 단어** 서비스

교과서에서는? 재화는 사람들이 필요로 하는 물건을 말합니다.

사람들이 살아가는 데 필요한 눈에 보이고 만질 수 있는 모든 물건을 **재화**라고 해요.

? 궁금해요

✓ 재화에는 무엇이 있나요?

의식주는 인간이 살아가는 데 필요한 기본적인 요소예요. 입을 옷, 먹는 음식, 사는 집과 관련된 모든 것은 재화라고 할 수 있어요.

✓ 재화와 서비스는 어떻게 달라요?

재화는 우리가 직접 만질 수 있는 물건이에요. 예를 들어 장난감이나 책 같은 것들이죠. 반면, 서비스는 사람이나 회사가 도와주는 일인데 만질 수 없어요. 예를 들어 식당에서 음식을 가져다주는 것처럼요. 그래서 재화는 물건을 말하고, 서비스는 도움이나 일을 말해요.

✓ 콘서트는 재화인가요?

콘서트는 재화가 아니라 서비스에 해당해요. 재화는 우리가 만질 수 있는 물건들이고, 콘서트는 사람들이 무대에서 공연을 해주고 관객이 그 공연을 보는 것이기 때문에 만질 수 없는 서비스로 분류돼요. 콘서트는 음악, 공연, 그리고 즐거움을 제공하는 일이에요. 하지만 형태를 가지고 있는 콘서트 입장권은 구입한 사람에게 제공되는 재화라고 할 수 있답니다.

✓ 모든 재화는 가치가 같나요?

재화는 종류와 용도에 따라 가치가 다를 수 있어요. 예를 들어 새 장난감과 오래된 책의 가치는 다를 수 있죠.

실생활 개념어 활용 문장	우리 집에 있는 장난감과 책은 모두 **재화**야. **재화**는 우리가 직접 만질 수 있는 물건들이야.
나만의 말로 표현해보기	

서비스

상위어 경제활동 **비교 단어** 재화

교과서에서는? 서비스는 물건이 아니라 도움이나 일을 제공하는 활동을 말합니다.

사람들이 필요로 하는 일이나 도움을 주는 것을 **서비스**라고 해요. 서비스업은 사람들에게 도움이나 일을 제공하여 서비스를 해 주는 직업을 말해요.

❓ 궁금해요

✓ 서비스의 종류에는 무엇이 있나요?

서비스는 우리가 필요할 때 여러 방법으로 도움을 줘요. 예를 들어 가게에서 물건을 사는 '상품 판매 서비스', 학교에서 배우는 '교육 서비스', 음식이 집까지 배달되는 '배달 서비스', 병원에서 치료받는 '의료 서비스', 영화관에서 영화를 보는 '문화·오락 서비스', 은행에서 돈을 관리하는 '금융 서비스', 호텔에 묵는 '숙박 서비스'까지 다양한 서비스가 우리 생활을 편리하고 즐겁게 만들어 줘요.

상품 판매 서비스

교육 서비스

배달 서비스

의료 서비스

문화·오락 서비스

금융 서비스

숙박 서비스

✓ 용역과 서비스는 같은 말인가요?

용역과 서비스는 비슷한 말이에요. 둘 다 사람들이 필요한 일을 도와주는 것인데 용역은 보통 사업에서 하는 일을, 서비스는 우리가 일상에서 받는 도움을 말해요. 예를 들어 용역은 회사에서 하는 청소나 정비 물건이나 기계가 잘 작동되도록 고치고 점검하는 일 작업이고, 서비스는 우리가 식당에서 음식을 먹거나 병원에서 치료받는 것과 같아요.

✓ 왜 어떤 서비스는 비싼데, 어떤 서비스는 싼가요?

서비스의 가격은 그 서비스를 제공하는 데 필요한 시간과 노력, 그리고 특별한 자원에 따라 달라져요. 예를 들어 병원에서의 치료는 복잡하고 많은 자원이 필요해서 비쌀 수 있지요.

실생활 개념어 활용 문장
우리가 음식점을 가면 음식과 음료를 가져다주는 것이 **서비스**야. 이렇게 식당에서 제공하는 **서비스** 덕분에 우리는 맛있게 식사할 수 있어.

나만의 말로 표현해보기

수요 需 기다릴 수 要 요긴할 요

상위어 경제활동, 재화, 서비스 **비교 단어** 공급, 소득

교과서에서는? 수요는 사람들이 필요로 하거나 원하는 물건이나 서비스를 구매하려는 것을 말합니다.

사람들이 재화나 서비스를 사려는 것을 **수요**라고 해요. 이렇게 사려는 사람을 '수요자'라고 하고, 사려고 하는 양을 '수요량'이라고 하죠.

? 궁금해요

✔ 가격은 수요에 영향을 주나요?

재화나 서비스를 사려는 사람은 더 낮은 가격일 때 물건을 사고 싶어요. 그래서 가격이 내려가면 사려고 하는 양, 즉 수요량이 늘어요. 예를 들어 아이스크림이 1,000원이면 많은 친구들이 사려고 할 거예요. 그런데 만약 아이스크림 가격이 5,000원이 되면 많은 친구들이 비싸서 사기 힘들어 할 거예요. 그래서 아이스크림의 가격이 오르면 수요가 줄어들고, 가격이 내리면 수요가 늘어나는 거예요.

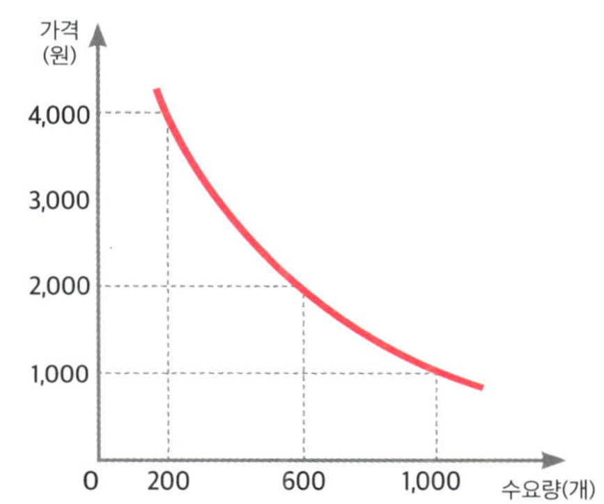

✔ 수요의 변화에 영향을 주는 것은 무엇인가요?

수요에 영향을 주는 건 여러 가지가 있어요. 예를 들어 더운 여름에는 사람들이 아이스크림을 더 많이 사게 돼요. 그래서 여름에는 아이스크림의 수요가 증가하고, 겨울에는 줄어들 수 있어요. 또 다른 예로, 인기 연예인이 광고하는 물건이 유행하면 수요가 늘어나기도 하죠. 친구들 사이에서 어떤 장난감이 유행하면 그 장난감의 수요가 늘어나는 거예요.

✔ '대체재'와 '보완재'가 뭐예요?

어떤 물건의 가격이 오르면 그 물건을 대신해서 다른 물건을 사는 경우가 있어요. 이런 물건들을 '대체재'라고 해요. 예를 들어 쇠고기 가격이 비싸면 돼지고기를 사는 것이죠. 반면, '보완재'는 서로 함께 쓰면 더 좋은 물건들이에요. 예를 들면 커피와 설탕, 빵과 버터처럼 두 물건이 함께 쓰일 때 더 만족스러워요.

실생활 개념어 활용 문장	더운 여름에는 아이스크림의 **수요**가 많아져.
나만의 말로 표현해보기	

공급 供 이바지할 공 給 줄 급

상위어 경제활동, 재화, 서비스   **비교 단어** 수요

교과서에서는? 공급은 사람들이 필요한 물건이나 서비스를 시장에 내놓는 것을 말합니다.

사람들이 재화와 서비스를 팔려고 하는 정도를 **공급**이라고 해요. 이런 일을 하는 사람을 '공급자'라고 하고, 팔려는 양을 '공급량'이라고 해요.

? 궁금해요

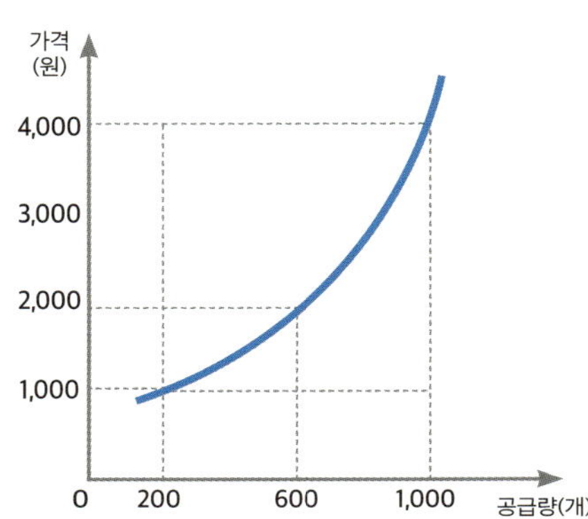

✓ 가격은 공급량에 영향을 주나요?

가격이 높으면 농부들은 더 많은 사과를 기르고 팔아서 이익을 많이 얻으려고 해요. 그래서 사과의 공급량이 늘어나요. 가격이 낮으면 농부들은 이익이 적어서 사과를 적게 기르게 돼요. 공급량이 줄어드는 거예요.

✓ 가격말고 공급량에 영향을 주는 요인은 무엇인가요?

물건을 만드는 재료 가격이 변하면 공급량이 변하기도 해요. 사과를 주스로 만들 때 사과 가격이 오르면, 주스를 만드는 회사는 사과를 비싸게 사야 해서 주스의 공급량이 줄어들 수 있어요. 또 기술이 좋아지면 더 많은 제품을 공급할 수 있어요. 새로운 기계가 생기면 주스를 더 빨리 만들 수 있어서 공급량이 늘어날 수 있어요.

✓ 공급량으로 가격이 바뀌는 경우가 있나요?

가을에 사과가 풍년이면 시장에 사과가 많아지면서 가격이 내려가요. 반대로 날씨가 나빠서 사과가 적게 생산되면 사과 공급량이 줄어들고 가격이 오르게 되죠. 이렇게 공급량이 많거나 적으면 가격이 그에 따라 바뀌는 거예요.

실생활 개념어 활용 문장	엄마가 마트에서 사는 우유는 공장에서 만들어서 마트에 **공급**하는 거야.
나만의 말로 표현해보기	

경제적 교류 交 사귈 교 流 흐를 류

상위어 경제활동 하위어 원산지 비교 단어 무역

교과서에서는? 다른 지역과 경제적 교류가 필요한 까닭을 찾아봅시다.

경제적 이익을 위하여 물건, 기술, 문화 등을 서로 주고받는 것을 **경제적 교류**라고 해요.

? 궁금해요

✓ 경제적 교류는 왜 필요한가요?

경제적 교류를 통해 서로 필요한 것을 주고받으며 이익을 얻을 수 있어요. 우리나라는 발전된 기술과 좋은 물건을 다른 나라에 보내고, 부족한 자원이나 물건·기술·노동력을 들여와요. 이렇게 해서 우리나라와 다른 나라는 경제적으로 서로 의존하고 경쟁하게 돼요.

✓ 경제적 교류와 무역은 같은 말인가요?

경제적 교류는 개인, 지역, 나라 간에 이루어져요. 나라 간에 이루어지는 교류를 무역이라고 하죠. 무역에서 물건의 원산지를 알 수 있도록 표시해요.

✓ 경제적 교류를 하면서 생기는 문제점이 있나요?

서로 자기 나라의 경제를 보호하려다 보면 문제가 생길 수 있어요. 이를 해결하기 위해 국제기구를 만들어요. 또 세계 여러 나라가 함께 상의하고 의견을 나누는 것도 중요해요.

실생활 개념어 활용 문장	우리나라에서 만든 장난감이 다른 나라로 가고, 다른 나라에서 만든 과일이 우리나라에 오는 것이 경제적 교류야.
나만의 말로 표현해보기	

산업
産 낳을 산 業 업 업

내가 읽은 횟수 ☐☐☐

상위어 경제활동   **하위어** 재화, 서비스

교과서에서는? 우리나라의 대표적 산업으로 자리 잡았습니다.

재화나 서비스를 만들어내는 모든 활동을 **산업**이라고 해요.

❓ 궁금해요

✓ 산업을 나누는 기준은 무엇인가요?

산업은 어떤 일을 하느냐에 따라 나뉘어요.

1차 산업	자연에서 자원을 얻는 일로, 농사, 나무 기르기, 물고기 잡기, 동물 기르기 등
2차 산업	1차 산업에서 얻은 자원으로 물건을 만들거나 건물을 짓는 일
3차 산업	사람들의 생활을 도와주는 서비스로, 상점에서 물건을 파는 일, 은행에서 돈을 관리하는 일, 여행을 제공하는 일 등
4차·5차 산업	최근에는 3차 산업을 더 나눠서 4차 산업(정보, 병원, 학교)과 5차 산업(패션, 오락, 여행)으로 구분

✓ 산업의 발달에 영향을 주는 것은 무엇인가요?

산업의 발달에는 필요한 자원, 새로운 기술, 돈, 잘 훈련된 사람들이 중요해요. 또 정부의 도움도 큰 영향을 미쳐요. 이런 것들이 잘 갖춰지면 산업이 잘 성장하게 돼요.

✓ 우리나라 산업은 어떻게 변화했나요?

우리나라 산업은 먼저 농사와 어업 같은 기본적인 일이었어요. 그 다음에는 공장과 건설업이 발전하면서 더 많은 물건을 만들고 건물을 지었어요. 최근에는 컴퓨터와 인터넷 같은 첨단 기술을 사용한 산업도 많이 성장했어요. 이렇게 해서 우리나라의 산업이 점점 더 발달하게 되었죠.

시기	산업	생산물	관련 사진
1960년대 이전	농업, 어업, 임업(산에서 나는 물건을 통한 경제적 이익을 위해 산림에서 이루어지는 일)	농산물, 수산물, 임산물(산에서 나는 물건) 등	

1960년대	경공업 (무게가 가벼운 물건을 만드는 공업)	가발, 신발, 옷 등	
1970년~ 1980년대	중화학 공업 (중공업과 화학 공업을 의미. 중공업은 무거운 제품을 생산 하는 일이고, 화학 공업은 화학적 원리나 변화를 이용해 새로운 물질을 만드는 일)	조선, 자동차, 철강, 기계, 석유 화학, 화학 비료(화학적으로 처리 하여 만든 인공 비료)	
1990년대	정보 통신 산업	컴퓨터, 휴대폰, 관광, 금융 등	
2000년대 이후	서비스업, 첨단 산업	반도체, 생명 공학, 우주 항공, 로봇 등	

✔ **우리나라 지역별 주요 산업에는 무엇이 있나요?**

서울과 경기도는 교통이 편리하고 사람들이 많아서 공업, 첨단 산업, 서비스업이 발달했어요. 충청 지방은 서해안 근처에 큰 공업 지역이 있고, 호남 지방에서는 곡식이 많이 생산돼요. 영동 지방은 시멘트 공업과 고랭지 농업, 관광 산업이 발달했어요. 영남 지방은 중화학 공업이 많고, 제주도는 관광 산업이 활발해요. 각 지역마다 특색 있는 산업이 발전하고 있답니다.

실생활 개념어 활용 문장 공장에서 만든 장난감이나 자동차도 산업의 일부분이야.

나만의 말로 표현해 보기

경제 개발 5개년 계획

내가 읽은 횟수

상위어 경제활동

교과서에서는? 1960년대 정부는 경제 개발 5개년 계획을 세워 경제 성장을 이루려고 했습니다.

우리 정부가 경제 성장 목표로 5년을 기준으로 세운 경제 발전 계획을 **경제 개발 5개년 계획**이라고 해요.

? 궁금해요

✓ 경제 개발 5개년 계획은 어떻게 이루어졌나요?

우리나라는 경제 성장을 위해 1962년부터 1981년까지 네 차례에 걸쳐 계획을 추진하여 공업화·산업화가 이루어지고 경제가 성장했어요.

제1차 경제 개발 5개년 계획	제2차 경제 개발 5개년 계획	제3차 경제 개발 5개년 계획	제4차 경제 개발 5개년 계획
1962년~1966년	1967년~1971년	1972년~1976년	1977년~1981년
우리나라는 산업을 발전시키기 위해 에너지 자원을 확보하고, 철강·전력·가스·석유 같은 기초 산업을 늘렸어요. 또한 도로, 항구, 철도, 통신 같은 공공 시설을 잘 갖추어 경제를 발전시킬 수 있는 기초를 만들었어요.	식량을 스스로 기르고, 화학·철강·기계 같은 공업 시설을 늘려 산업을 발전시켰어요. 또 많은 양의 수출을 통해 수출액을 늘리고 국민 소득도 높였어요. 과학 기술의 발전도 목표로 해서 점점 더 발전된 나라가 되려고 했답니다.	높은 경제 성장을 통해 자립을 이루고, 중화학 공장도 많이 세웠어요. 수출도 늘려서 경제를 발전시켰죠. 1973년에 석유 파동으로 어려움을 겪기도 했지만, 중동 지역의 건설 산업에 진출하면서 계속 성장할 수 있었어요.	스스로의 힘으로 성장 구조를 달성했어요. 경제 성장 외 사회적 형평성과 능률 향상을 목표로 한 삶의 질 향상을 목표로 했지요. 수출 100억 달러를 이루는데 성공하면서 1인당 국민 소득 1,000달러를 달성할 수 있었어요.

✓ 경제 사회 발전 5개년 계획은 무엇인가요?

1982년부터 1996년까지는 '경제 사회 발전 5개년 계획'이라는 이름으로 경제 성장을 이루었어요. 이 계획을 통해 다양한 분야에서 발전을 이뤄냈답니다.

제5차 경제 사회 발전 5개년 계획	제6차 경제 사회 발전 5개년 계획	제7차 경제 사회 발전 5개년 계획
1982년~1986년	1987년~1991년	1992년~1996년
경제 성장의 지속과 사회 발전을 통해 국민의 복지를 향상시키는 것이 목표였어요. 이렇게 하면 경제가 계속 성장하고, 사람들의 생활 수준도 더 좋아지게 돼요.	시장 경제가 잘 돌아가도록 도와주고, 자원이 공평하게 나누어지도록 노력했어요. 그 결과, 1988년에는 서울에서 제24회 올림픽 대회가 열릴 만큼 경제가 많이 성장했어요.	기업의 경쟁력을 높이고 균형 있게 발전하며, 국제화와 자율화를 추진했어요. 이를 통해 더 강한 기업과 발전하는 사회를 만들고 세계와 잘 연결되도록 노력했답니다.

✓ 경제 개발 5개년 계획의 문제점은 무엇인가요?

경제 개발 5개년 계획으로 경제가 발전하면서 부유한 사람과 가난한 사람 사이의 소득 차이가 커졌어요. 도시는 발전이 집중되면서 농촌과의 차이도 커졌고, 농촌에서는 일하는 사람이 부족해졌어요. 또한, 많은 사람들이 도시로 몰리면서 교통 문제와 환경 문제가 생겼답니다.

> **빈부 격차, 도시 과밀**(도시에 발전이 집중되는 것)**, 농촌 일손 부족, 교통 문제, 환경 문제**

✓ 새마을 운동이 무엇인가요?

1960년대 대한민국은 경제가 빠르게 성장하면서 사회 발전을 이뤘지만 농촌은 도시에 비해 발전이 느렸어요. 도시와 농촌 간의 차이가 커졌고, 1970년부터 박정희 정부는 새마을 운동을 시작했어요. 새마을 운동의 주요 목표는 농촌 환경을 개선하는 것이었어요. 농촌의 소득을 높이기 위해 도로를 넓히고 집의 지붕을 고쳐서 현대식으로 바꾸었으며, 새로운 곡식이나 채소을 심는 등 많은 노력을 했어요. 그 결과, 농가의 소득이 늘어나고 농어촌이 발전했답니다.

실생활 개념어 활용 문장 우리 정부는 더 잘 사는 나라를 만들기 위해 '경제 개발 5개년 계획'을 세웠어.

나만의 말로 표현해보기

무역

상위어 경제활동　**하위어** 수입, 수출　**비교 단어** 경제적 교류

교과서에서는? 다른 나라와의 무역에서 발생할 수 있는 다양한 문제를 알아봅시다.

나라와 나라 간에 물건이나 기술, 서비스를 사고파는 것을 **무역**이라고 해요.

❓ 궁금해요

✓ 무역은 왜 하나요?

각 나라의 자연환경과 기술 수준이 달라서 어떤 나라에는 없는 물건이 다른 나라에 있을 수 있어요. 또한, 물건을 만드는 데 드는 돈이 다르면 우리나라에서 만든 물건보다 다른 나라에서 만든 물건이 더 싸고 좋을 때도 있어요. 이런 이유로 서로 물건을 교환하게 되는 거죠.

✓ 우리나라와 가장 많은 무역을 하는 나라는 어디인가요?

우리의 주요 무역 상대국은 중국, 미국, 베트남, 일본이에요. 전체 무역에서 큰 비율을 차지하기 때문에 이들 나라의 경제 상황이 우리 경제에 큰 영향을 미칠 수 있어요. 만약 관계가 나빠지면, 수출과 수입에 어려움이 생길 수 있기 때문에 무역 상대국을 다양화하는 것이 필요해요.

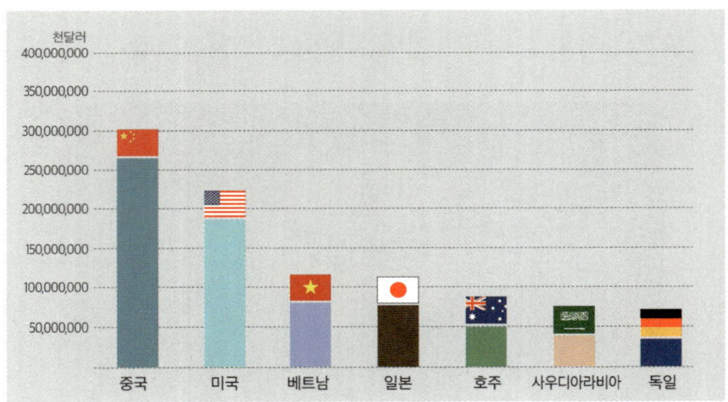

(출처: 우리나라의 국가별 무역 규모(2023년), KOSIS 통계놀이터)

✓ 우리나라 무역의 특징은 무엇인가요?

우리나라는 자원이 부족해 원유 _{자동차나 배를 움직이기 위해 필요한 기름의 원료}, 반도체 _{컴퓨터와 스마트폰 같은 전자 기기에 들어가는 작은 부품} 제조 장비, 천연가스 _{주로 가스를 사용하는 난방이나 요리 등에 쓰이는 기체 연료} 등을 주로 수입해요. 이런 자원들을 가공해서 제품을 만들어 반도체, 자동차 같은 우수한 첨단 기술 제품을 주로 수출해요.

실생활 개념어 활용 문장	우리는 **무역**을 통해 외국에서 과일을 사 오고 우리나라에서 만든 신발을 팔아.
나만의 말로 표현해보기	

수출  輸 보낼 수 出 날 출 다른 나라로 보냄

상위어 무역 **비교 단어** 수입

교과서에서는? 우리나라의 주요 수출품은 무엇인지 이야기해 봅시다.

내가 읽은 횟수 ☐ ☐ ☐

우리나라에서 만든 물건이나 기술을 다른 나라에 팔아 내보내는 것을 **수출**이라고 해요.

❓ 궁금해요

✓ 수출은 왜 하나요?

자기 나라에서 많이 생산하는 물건이나 다른 나라보다 뛰어난 기술 등을 수출해요. 수출을 하면 외화^{외국의 돈}를 벌 수 있고, 외화를 많이 벌어들이면 나라의 경제도 발전해요.

✓ 우리나라가 생산한 물건을 수출하는 과정은 어떠한가요?

물건의 수량, 가격, 그리고 언제까지 만들어서 보낼지에 대해 먼저 계약을 해요. 우리나라에서 만든 물건을 다른 나라로 보내고 외국에서 받은 달러는 은행에서 우리나라 돈으로 바꿔요.

✓ 우리나라 주요 수출 국가는 어디인가요?

1위는 중국이에요. 2위는 미국, 3위는 베트남, 4위는 일본, 5위는 홍콩이에요.

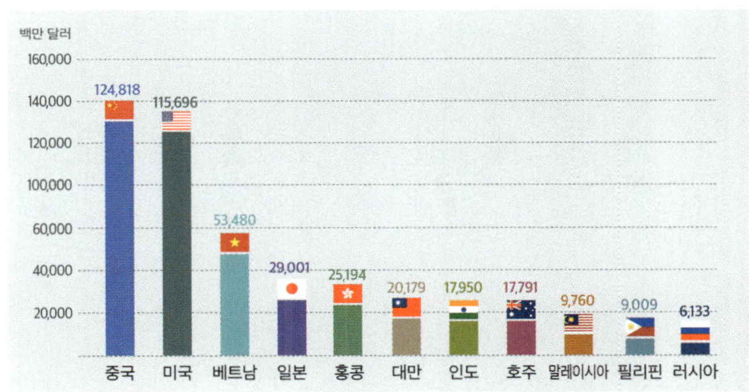

(출처: 우리나라의 국가별 수출(2023년), KOSIS 통계놀이터)

✓ 우리나라 수출의 역사는 어떻게 변화하였나요?

1960년대에는 철광석과 텅스텐 같은 자연 자원을, 1970년대에는 섬유·신발·가발 등 노동력을 사용하는 제품을, 1980년대에는 철강·기계·선박·전자 제품을, 1990년대에는 반도체 같은 첨단 제품을, 2000년대에는 자동차·선박 등 중공업 제품과 휴대 전화 등도 수출하게 되었어요.

실생활 개념어 활용 문장 우리나라에서 만든 자동차는 외국에 **수출**되어 다른 나라 사람들도 사용할 수 있어.

나만의 말로 표현해보기

수입
輸 보낼 수 入 들 입 다른 나라에서 사들여 옴

상위어 무역 **비교 단어** 수출

교과서에서는? 우리나라는 주로 무엇을 수입하는지 알아봅니다.

다른 나라에서 만든 물건이나 기술을 우리나라로 사오는 것을 **수입**이라고 해요. 이와 반대가 수출이죠.

? 궁금해요

✓ 수입은 왜 하나요?

우리나라에서 모든 물건을 다 만들 수 없기 때문에 필요한 물건은 다른 나라에서 사와야 해요.

✓ 우리나라에서 주로 수입하는 것은 무엇인가요?

우리나라는 원유^{땅속에서 뽑아낸 그대로의 기름}, 반도체, 철광석, 고무 같은 천연자원을 많이 수입해요. 그리고 물건을 만드는 데 필요한 원료와 기계를 수입하여 이것으로 다시 물건을 만들어요.

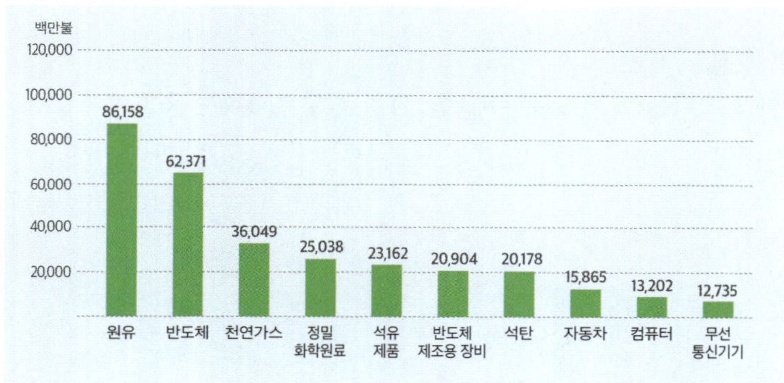

(출처: 우리나라 10대 수입품목(2023년), KOSIS 통계놀이터)

✓ 원유의 대부분을 수입하기 때문에 생기는 문제는 무엇인가요?

우리나라 산업의 대부분은 여전히 원유를 사용해요. 원유의 가격이 높아지면 공장을 운영하는 데 더 많은 돈이 필요하게 되고, 소비자는 더 비싼 가격으로 물건을 사야 해요. 원유를 수출하는 나라의 사정에 따라 변하는 원유 가격에 우리나라 경제가 큰 영향을 받게 되는 거예요.

✓ 수출만 하고 수입은 하지 않으면 안 될까요?

다른 나라의 물건을 사지 않고 우리나라 물건만 팔면, 다른 나라 사람들이 우리나라 물건을 더 이상 사지 않을 거예요. 그래서 우리나라 물건을 더 많이 팔기 위해서는 뛰어난 기술로 상품의 질을 높여야 해요. 이렇게 하면 다른 나라 사람들이 우리나라 물건을 더 많이 사게 될 거예요.

실생활 개념어 활용 문장 우리 집에 있는 오렌지는 외국에서 가져온 **수입** 과일이야.

나만의 말로 표현해보기

세계 무역 기구(WTO)

상위어 경제활동, 국제기구 **비교 단어** 자유 무역 협정, 국제 통화 기금

교과서에서는? 우리나라 정부는 세계 무역 기구(WTO)에 분쟁 해결 절차를 신청하였다.

세계 여러 나라들이 서로 물건을 사고파는 규칙을 정하고 도움을 주는 국제기구를 **세계 무역 기구**World Trade Organization라고 해요.

? 궁금해요

✔ WTO는 언제 만들어졌나요?

WTO는 1995년에 만들어졌어요. 스위스 제네바에 세계 무역 기구 본부가 있답니다.

✔ 세계 모든 국가가 WTO에 들어가 있나요?

현재 거의 대부분의 나라가 WTO에 가입해 있지만, 몇몇 나라는 아직 가입하지 않았거나 가입 절차를 진행 중이에요. 2024년 기준으로 WTO에는 164개 국가가 가입되어 있어요.

✔ WTO에서 하는 일은 무엇인가요?

WTO는 나라들이 공정하게 무역할 수 있도록 도와주는 국제기구예요. 이 기구는 무역에 문제가 생겼을 때 조정해 주기도 하고, 나라들이 쉽게 무역할 수 있도록 장벽을 없애려고 노력해요. WTO의 목표는 공산품, 농산품, 서비스 등 모든 것이 자유롭게 거래될 수 있도록 만드는 거예요.

✔ 우리나라도 WTO에 들어가 있나요?

우리나라는 WTO가 시작되던 1995년부터 속해 있어요. WTO에 속하면서 무역은 더욱 활발해졌어요. WTO 사무국에서 일하고 있는 한국 직원은 4명이랍니다(2024년 기준).

실생활 개념어 활용 문장 우리나라가 세계 무역 기구(WTO)에 가입해서 세계 여러 나라와 물건을 쉽게 거래할 수 있게 됐어.

나만의 말로 표현해보기

공정 무역

公 공평할 공　正 바를 정

상위어 무역　**비교 단어** 수출, 수입

교과서에서는? 공정 무역 표시가 있는 물건을 선택했습니다.

만드는 사람과 사는 사람이 모두 만족할 만한 같은 이익을 얻는 무역을 **공정 무역**이라고 해요.

? 궁금해요

✓ 공정 무역은 어떻게 시작되었나요?

우리가 먹는 초콜릿의 주원료인 카카오 열매는 아프리카에서 많이 나요. 아프리카 어린이들은 제대로 먹거나 입지 못하고 학교도 가지 못한 채 하루 종일 카카오 열매를 따지만 매우 적은 돈만 받는 경우가 많아요. 이렇게 생산자와 노동자에게 제대로 된 소득이 돌아가지 않고, 대기업만 큰 이익을 얻는 상황이 문제가 되죠. 이런 문제를 해결하기 위해 시작된 것이 공정 무역이에요. 공정 무역은 생산자와 소비자 모두가 행복해질 수 있도록, 공정하게 거래하고 생산자에게도 제대로 된 보상을 주는 방법을 추구해요.

✓ 공정 무역에서 생산자와 소비자가 만족하는 까닭은 무엇인가요?

생산자는 보다 안전하고 건강한 환경에서 일해요. 일한 만큼 정당한 대가를 받죠. 소비자는 믿을 수 있는 제품을 구입할 수 있으며 공정한 사회를 만드는 데 도움을 줄 수 있어 뿌듯해요.

✓ 공정 무역 상품을 확인하는 방법은 무엇인가요?

공정 무역 상품을 인증하는 마크로 확인해요.

(출처: Bjerkebanen, CC BY-SA 4.0)

✓ 세계 공정 무역의 날이 있나요?

2002년 제1회 세계 공정 무역의 날이 시행되었어요. 이 날에는 전 세계의 생산자, 소비자, 공정 무역 상점, 환경 단체들이 모여 각종 행사를 열어 공정 무역의 중요성을 널리 알리고, 공정 무역 운동을 함께 전개해요.

실생활 개념어 활용 문장　우리 집에서는 **공정 무역** 커피를 사는데, 이 커피는 농부들에게 정당한 가격을 주고 만들어진 거야.

나만의 말로 표현해보기

경제 25

유통 流 흐를 유 通 통할 통

상위어 경제활동 **비교 단어** 직거래, 물류

교과서에서는? 유통은 물건이 생산자에서 소비자에게 전달되는 과정을 말합니다.

만드는 사람에게서 사는 사람에게로 물건이 전달되는 과정을 **유통**이라고 해요.

? 궁금해요

✔ 유통은 왜 필요한가요?

유통이 없다면 물건이 필요할 때 살 사람이 그 물건을 만드는 사람이 있는 곳으로 직접 가서 만나야 해요. 유통은 이 두 사람을(생산자와 소비자를) 연결하여 보다 쉽고 빠르게 물건을 전달해요.

✔ 유통의 과정은 어떻게 되나요?

유통 과정은 물건이 생산된 후 소비자에게 가기까지의 여러 단계예요. 처음에는 물건이 공장에서 만들어지고, 그 다음에는 물류창고에 보관되죠. 마지막으로 물건은 가게나 집으로 배달되어 사람들이 사용할 수 있게 돼요. 일반적으로 생산자는 물건을 도매업자에게 전달해요. 도매업자는 다시 소매업자에게 물건을 전달하죠. 우리는 주로 소매업자에게 물건을 구입하게 되는 것이랍니다.

✔ 도매업자, 소매업자는 누구인가요?

도매업자는 비교적 많은 물건을 묶어서 파는 사람이고, 소매업자는 물건을 도매업자에게 사서 적은 물건을 직접 소비자에게 파는 사람이에요. 도매 都賣 모두 도, 팔 매 는 낱개가 아니라 묶어 파는 것을, 소매 小賣 작을 소, 팔 매 는 소비자에게 낱개로 파는 것을 말해요.

✔ 유통의 과정이 복잡해지면 어떤 일이 일어나나요?

물건이 소비자에게 가기까지 복잡하게 여러 과정을 거쳐야 한다면 물건의 가격은 높아져요. 한 곳에서 다른 곳으로 옮겨가는 과정에 들어가는 돈이 계속 늘어나기 때문에 물건 가격도 높아지는 거예요. 유통의 과정을 줄여 생산자에게 직접 구매할 때, 우리는 싸게 물건을 살 수 있어요.

실생활 개념어 활용문장 마트에서 산 과일은 **유통** 과정을 통해 농장에서부터 마트까지 안전하게 운반된 거야.

나만의 말로 표현해보기

직거래

상위어 경제활동　**비교 단어** 유통, 물류

교과서에서는? 직거래는 농부와 소비자가 중간 상인을 거치지 않고 직접 물건을 거래하는 방법입니다.

물건을 만들어 파는 사람과 살 사람이 직접 만나 팔고 사는 것을 **직거래**라고 해요.

? 궁금해요

✓ 직거래의 좋은 점은 무엇인가요?

중간에 유통 과정이 없기 때문에 돈이 더 나갈 필요가 없어 생산자는 자기가 원하는 가격에 물건을 팔고 소비자는 다른 곳보다 싼 가격에 살 수 있어 모두에게 이익이에요.

✓ 직거래를 할 수 있는 장소는 어디인가요?

농장이나 과수원에 직접 찾아가서 그곳에서 나는 채소나 과일 등의 물건을 살 수도 있어요. 또 지자체 등에서 농수산물 생산 지역과 연결해서 여는 직거래장터에 찾아가서 보다 쉽게 거래할 수도 있어요.

✓ 또 다른 직거래에는 무엇이 있나요?

서로 필요한 물건을 직접 만나 거래하는 사람들이 많아지고 있어요. 사람들은 거래 애플리케이션(앱)을 이용하여 만날 시간과 장소를 정하고 직접 만나 거래해요.

✓ 공동 구매는 무엇인가요?

공동 구매는 여러 사람이 함께 모여서 물건을 사는 방법이에요. 여러 사람이 함께 사면 더 많은 양을 한꺼번에 사는 것이어서 가격이 더 싸질 수 있어요.

실생활 개념어 활용 문장　내가 친구한테 장난감을 팔 때 **직거래**를 하면 친구와 직접 물건을 주고받을 수 있어.

나만의 말로 표현해보기

물류

物 물건 물 流 흐를 류 물건이 이동하는 흐름

상위어 경제활동　**비교 단어** 유통

교과서에서는? 물건을 생산지에서 소비자에게 전달하기 위한 모든 과정을 물류라고 합니다.

생산된 물건을 포장하고 운반하고 보관하는 여러 활동을 **물류**라고 해요.

❓ 궁금해요

✔ 물류하면 떠오르는 낱말에는 무엇이 있나요?

물류 창고 물건을 많이 저장해 두는 큰 창고, 택배 우리가 주문한 물건을 집까지 가져다주는 서비스, 재고 가게나 창고에 있는 물건의 양, 배송 주문한 물건을 집이나 가게까지 가져다 주는 과정, 화물 운송하는 물건이나 짐, 운송 물건을 한 곳에서 다른 곳으로 이동시키는 과정, 컨테이너 많은 물건을 안전하게 담을 수 있는 큰 상자, 화물선 물건을 바다를 통해 운송하는 큰 배, 상하차 물건을 차에 싣거나 내리는 작업, 하역장 물건을 배나 기차에서 내리는 장소 등이 있어요.

✔ 물류와 유통의 차이는 무엇인가요?

물류는 물건을 만들거나 보관해서 필요한 곳으로 보내는 모든 과정을 말해요. 유통은 물건이 가게에 도착한 후, 소비자에게 파는 과정을 의미해요. 그래서 물류는 물건을 이동시키는 것이고, 유통은 그 물건을 실제로 판매하는 거예요. 물류는 유통의 중요한 단계로, 물건이 가게나 집까지 안전하게 도착하도록 도와주는 역할을 해요.

실생활 개념어 활용 문장 우리 집 옆에는 큰 **물류** 창고가 있는데 다양한 물건들이 이곳에 저장되거나 배송될 준비를 해.

나만의 말로 표현해보기

화폐

상위어 경제활동　**하위어** 가격

교과서에서는? 화폐는 물건을 사고팔 때 사용하는 돈을 말합니다.

우리가 물건을 살 때 내는 동전이나 지폐를 **화폐**라고 해요.

? 궁금해요

✓ 화폐는 왜 생겨났나요?

오래전에는 사람들이 물건을 직접 바꾸어 가며 거래했지만 이 방법은 불편했어요. 예를 들어 쌀을 가지고 있는 사람이 고기를 사려고 해도 서로 원하는 게 달라서 거래하기 어려웠죠. 그래서 사람들은 돈을 만들고 사용해서 물건을 쉽게 사고팔 수 있게 되었어요.

✓ 우리 조상들이 사용한 화폐에는 무엇이 있나요?

상평통보는 조선 시대 중후기에 널리 사용된 구리 동전으로 동전의 중앙에 구멍이 뚫려 있는 형태예요. '상평통보'라는 글자가 새겨져 있으며, 조선의 대표적인 화폐였어요. 당시 사람들이 돈을 교환하는 데 아주 중요한 역할을 했지요.

✓ 화폐는 어떻게 발달했나요?

처음에 사람들은 물건을 직접 바꾸어 가며 거래했어요. 나중에는 금속 동전이나 종이 돈(지폐)을 사용해서 거래가 더 쉬워졌죠. 요즘에는 카드나 스마트폰 등 전자 화폐로도 돈을 주고받을 수 있어서 아주 편리해요.

✓ 화폐의 종류는 어떻게 나뉘나요?

화폐는 여러 가지 종류가 있어요. 가장 많이 쓰는 건 동전과 지폐 같은 '종이 화폐'이고, 요즘은 카드나 스마트폰으로도 돈을 주고받을 수 있어요. 이렇게 다양한 화폐를 사용해서 물건을 사거나 돈을 주고받을 수 있답니다.

✓ 화폐를 만드는 곳은 어디인가요?

한국 조폐 공사에서 만들어요. 조폐造幣 만들 조, 화폐 폐가 '화폐를 만든다'는 뜻이에요. 한국은행은 만든 화폐를 보관하고 있다가 시장물건과 돈이 거래되는 곳에 내보내요.

(출처: 한국조폐공사)

✓ 찢어진 지폐도 새 지폐로 바꿔 주나요?

한국은행에서는 찢어진 지폐를 새 지폐로 바꾸어 줘요. 물론 무조건 바꿔 주는 것은 아니에요. 남아 있는 지폐의 크기에 따라 받을 수 있는 돈은 다를 수 있어요. 3/4 이상이 남아 있다면 전액을 다 돌려받을 수 있지만 2/5이상 남아 있다면 절반의 돈을 돌려받을 수 있어요. 그보다 적게 남아 있다면 돌려받을 수 없어요.

✓ 전자 화폐는 무엇인가요?

전자 화폐란 지폐의 가치를 전자 정보로 바꾼 것을 말해요. 전자칩을 포함한 카드, 전자 기기를 사용한 각종 페이들이 전자 화폐에 해당해요. 오늘날은 지폐, 동전 대신 전자 화폐를 더 많이 사용한답니다. 친구들이 사용하는 교통카드도 전자 화폐예요.

✓ 지폐의 인물은 어떻게 결정하나요?

대부분의 화폐는 그 나라 국민들에게 존경 받을 만한 업적을 남긴 훌륭한 인물로 정해요. 인물의 그림은 쉽게 위조_{속이기 위해 진짜처럼 만드는 것}할 수 없다는 장점이 있어요. 나라를 대표하는 인물 대신 문화재나 건축물, 동물과 식물을 넣기도 해요.

오만 원(신사임당)/만 원(세종 대왕)/오천 원(이이)/천 원(이황)

세계의 지폐

✓ 위조지폐는 어떻게 구별하나요?

위조지폐는 가짜 지폐를 말해요. 홀로그램, 미세 문자, 숨은 그림 등을 이용해 위조지폐를 구별해요.

실생활 개념어 활용 문장	가족들과 함께 화폐 박물관으로 견학을 다녀왔어.
나만의 말로 표현해보기	

가격

상위어 경제활동, 화폐   **비교 단어** 공급, 수요

교과서에서는? 가격은 물건을 사는 데 필요한 돈입니다.

물건과 서비스의 가치를 돈으로 나타낸 것을 **가격**이라고 해요.

❓ 궁금해요

✓ **가격은 어떻게 정해지나요?**

팔려는 사람은 높은 가격에 팔고 싶고, 사려는 사람은 싼 가격에 사고 싶어요. 팔려는 사람과 사려는 사람을 모두 만족시키는 정도의 값이 가격이 돼요.

✓ **가격 정찰제는 무엇인가요?**

물건이나 서비스의 정해진 가격을 적어서 나타내는 제도예요. 적혀 있는 가격에서 깎아 주거나 더 받지 않고 판매해요.

✓ **나라에서 가격을 정하는 물건도 있나요?**

우리가 살아가는 데 꼭 필요한 물건을 필수품이라고 하는데, 몇 가지 필수품의 가격은 나라가 정하기도 해요. 대표적으로 우리나라의 경우, 쌀의 가격을 나라가 정해요.

✓ **같은 상품이라도 시장마다 가격이 다른가요?**

같은 상품이라도 시장마다 가격이 다른 이유는 여러 가지가 있어요. 한 시장에서 사람들이 많이 사면 가격이 높아질 수 있고, 먼 곳에서 오는 상품은 운송비 때문에 가격이 더 비쌀 수 있어요. 또 상점마다 가격을 다르게 정할 수도 있지요.

실생활 개념어 활용 문장	이 책의 가격은 2만 원이야.
나만의 말로 표현해보기	

예금
預 맡길 예 金 쇠 금 돈을 맡김

상위어 경제활동, 화폐　**하위어** 이자

교과서에서는? 예금은 은행에 돈을 맡겨 두는 것으로, 은행은 이 돈을 안전하게 보관하고 이자를 지급합니다.

개인이나 기업이 은행에 돈을 맡기는 것을 **예금**이라고 해요. 맡긴 돈도 예금이라고 하고요.

❓ 궁금해요

✓ 예금의 종류는 무엇인가요?

은행에는 두 가지 주요 예금 방식이 있어요. 하나는 언제든지 돈을 맡기고 찾아 쓸 수 있는 보통 예금이에요. 다른 하나는 정해진 기간 동안 은행에 돈을 맡기고, 기간이 끝난 뒤에 찾는 정기 예금이에요. '정기'는 기간이 정해져 있다는 뜻이죠. 보통 예금은 돈을 자유롭게 찾을 수 있지만 이자는 적고, 정기 예금은 돈을 정해진 기간 동안 맡기면 보통 기간이 길수록 더 많은 이자를 받을 수 있어요.

✓ 은행은 예금을 어떻게 사용하나요?

은행은 돈이 필요한 개인이나 기업에게 예금되어 있는 돈에서 일부를 빌려주고 이자를 받아요. 이때 받는 이자는 돈을 빌려 쓴 사용료라고 할 수 있죠.

✓ 어린이도 예금 통장을 만들 수 있나요?

부모님의 동의, 어린이 기준으로 기본 증명서 어린이 본인의 신분을 증명할 수 있는 서류, 예를 들어 주민 등록 등본, 가족 관계 증명서, 부모님이나 보호자의 신분증 등이 필요해요. 이렇게 준비물을 갖추면 어린이도 은행에서 예금 통장을 만들고 자신의 돈을 안전하게 관리할 수 있어요.

✓ 예금자 보호 제도는 무엇인가요?

우리나라에는 '예금자 보호법'이라는 법이 있어요. 이 법은 만약 은행이나 금융 회사가 문제가 생겨서 돈을 돌려주지 못하면, 예금 보험 공사가 대신 돈을 돌려주는 제도예요. 이 덕분에 만약 문제가 생기더라도 1인당 최대 5천만 원까지는 안전하게 지킬 수 있어요.

실생활 개념어 활용 문장	엄마와 함께 은행에 가서 **예금** 통장을 만들었어.
나만의 말로 표현해보기	

환율

상위어 경제활동, 화폐　**관련 단어** 무역

교과서에서는? 환율이 오르면 외국에서 물건을 사는 데 더 많은 돈이 필요하게 되어 무역에 영향을 미칩니다.

외국 화폐와 우리나라 화폐를 서로 바꾸는 비율을 **환율**이라고 해요. 비율은 두 개의 수나 양의 차이를 비교해 몇 배인지 나타내는 것을 말해요. 예를 들어 우리나라의 1,000원은 미국 돈 약 1달러와 교환할 수 있고, 일본 돈 약 100엔과 교환할 수 있고, 중국 돈 약 5위안과 바꿀 수 있어요.

❓ 궁금해요

✔ 환율은 늘 똑같이 정해져 있나요?

환율은 각 나라의 경제 상황이나 국제 경제의 흐름에 따라 계속 바뀌어요.

✔ 환율은 우리 생활에 어떤 영향을 주나요?

환율은 돈의 가치와 관련되어 있어요. 예를 들어 미국 1달러의 환율이 1,300원에서 1,400원으로 오르면 미국 여행을 위해 달러로 돈을 바꿔야 할 때 우리나라 돈을 더 많이 내야 해요. 해외 여행을 가거나 외국으로 돈을 보낼 때, 우리나라 돈으로 내야 하는 금액이 높아진다는 거죠. 따라서 환율을 어느 정도 계속 비슷하게 만드는 것이 좋아요.

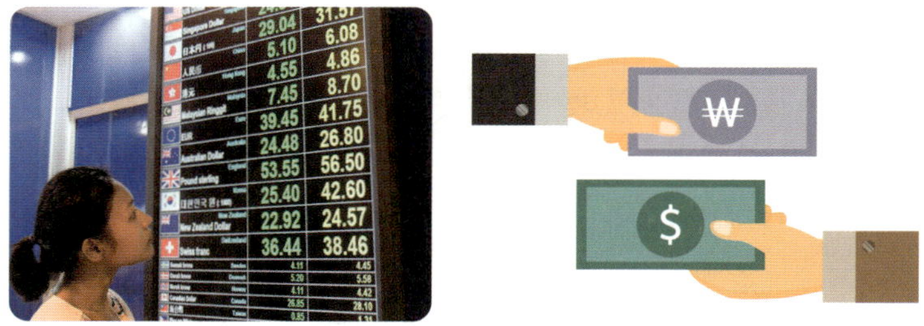

✔ 환율은 오르는 것이 좋을까요? 내리는 것이 좋을까요?

환율이 오르내리는 폭이 크면 국가의 경제가 안정되지 못해요. 무역을 하는데에도 불편함이 많고 국제 신용도 거래한 물건 값을 제대로 낼 수 있다는 것을 보여 주는 능력의 정도 도 낮아져요. 따라서 환율은 일정한 수준을 유지하는 것이 좋아요.

실생활 개념어 활용 문장　**환율**이란 다른 나라 돈의 가치를 비교하는 거야. 그래서 우리가 해외에서 물건을 살 때 중요해.

나만의 말로 표현해보기

독과점

상위어 경제활동

교과서에서는? 한 회사가 시장의 대부분을 차지해서 가격을 마음대로 정할 수 있는 상황을 독과점이라고 합니다.

하나 또는 적은 수의 회사만이 특정한 상품이나 서비스를 판매하는 것을 **독과점**이라고 해요.

? 궁금해요

✓ **독점과 과점은 무엇인가요?**

독점은 어떤 상품을 하나의 기업이 다 차지하거나 경쟁자가 하나도 없는 경우, 과점은 경쟁자가 있기는 하나 매우 적은 경우를 말해요. 보통 독과점일 때 경쟁 상태보다 상품의 가격은 높아져요.

✓ **독과점의 문제점은 무엇인가요?.**

독과점 기업은 경쟁 상대가 없거나 적은 수의 회사들끼리 약속해서 공급량을 줄이고 가격을 올릴 수 있어요. 이러면 사는 사람들은 선택할 수 있는 권한이 줄어들어요.

✓ **공정 거래법은 무엇인가요?**

공정 거래법은 독과점 기업이 제멋대로 일을 처리하는 것을 막고 기업들의 공정한 거래를 유도하기 위해 만들어진 법률이에요.

✓ **공정 거래 위원회에서 하는 일은 무엇인가요?**

독과점으로 인한 소비자의 피해를 막기 위해 정부가 만든 공정 거래 위원회는 기업의 공정한 거래를 위한 규칙을 만들고, 기업이 이 규칙을 잘 지키는지 확인해요. 서로 부정적으로 약속하여 높은 가격을 받거나 과장 광고를 하는 경우 처벌한답니다.

실생활 개념어 활용 문장 **독과점**은 한 회사가 시장을 혼자서 차지해서 다른 회사들이 들어오기 힘든 상황을 말해.

나만의 말로 표현해보기

소비자 단체

상위어 경제활동

교과서에서는? 소비자 단체는 소비자의 권리를 보호하고, 제품의 안전성을 높이기 위해 노력합니다.

소비자의 권리를 보호하기 위해 만들어진 단체를 **소비자 단체**라고 해요.

? 궁금해요

✓ 소비자 단체는 어떤 일을 하나요?

산 물건에 문제가 있을 때 소비자는 그 물건을 판 곳이나 만든 기업에 다른 물건으로 바꿔 주거나 돈을 다시 돌려 달라고 할 수 있어요. 그런데 그곳에서 알맞게 문제를 해결해 주지 않으면 소비자 단체가 그 문제를 해결할 수 있도록 도움을 줘요.

✓ 대표적인 우리나라 소비자 단체에는 무엇이 있나요?

한국 소비자 연맹, 한국 소비자 단체 협의회, 한국 소비자 교육원, 한국 YMCA 연합회 등이 있어요.

✓ 리콜 제도는 무엇인가요?

리콜recall은 문제가 생긴 물건을 생산자가 고쳐 주거나 바꿔 주는 것, 또는 돈으로 다시 돌려주는 일이에요. 이것은 소비자를 보호하기 위한 제도에요.

✓ 유통 기한과 소비 기한의 차이는 무엇인가요?

유통 기한은 상품을 판매할 수 있는 끝을 정한 때인 것에 비해, 소비 기한은 해당 상품을 먹어도 소비자의 건강이나 안전에 이상이 없을 것으로 인정되는 최종 기한을 말해요.

실생활 개념어 활용 문장　**소비자 단체**는 물건이나 서비스가 안전하고 공정하게 제공되도록 검사하고, 문제가 생기면 해결해 주는 일을 해.

나만의 말로 표현해보기

물가

物 물건 물 價 값 가 물건 값

상위어 경제활동　**비교 단어** 가격

교과서에서는? 물가가 오르면 같은 돈으로 살 수 있는 물건이 줄어듭니다.

내가 읽은 횟수

여러 가지 물건이나 서비스의 가격을 합해 평균을 낸 것을 **물가**라고 해요.

? 궁금해요

✓ 가격과 물가는 어떻게 다른가요?

가격은 물건 각각의 값이고, 물가는 시장에서 여러 물건이나 서비스의 가격을 종합하여 평균을 낸 것을 말해요. 예를 들어 문구점에서 어떤 지우개는 1,000원, 어떤 지우개는 1,500원, 또 다른 지우개는 2,000원에 팔고 있다면 지우개 각각의 값은 가격이라고 해요. 그리고 이 지우개들의 가격을 모아 평균을 낸 것을 물가라고 하지요.

✓ 왜 물가가 계속 오르나요?

물가가 자꾸 오르는 이유는 여러 가지가 있어요. 첫째, 물건을 만드는 데 드는 비용이 높아지면 그 물건의 가격도 올라가요. 둘째, 돈의 가치가 줄어들면 같은 돈으로 살 수 있는 물건이 줄어들어 가격이 올라요. 셋째, 물건이 부족하면 가격이 오를 수 있어요. 이렇게 여러 가지 이유로 물가가 자꾸 오르게 되는 거예요.

✓ 물가가 오르면 어떤 문제가 발생하나요?

물가가 계속 오르면 물건과 서비스의 가격이 비싸져요. 1,000원이던 볼펜이 1,500원으로 오른다면 똑같은 볼펜을 500원이나 더 내고 사야 해요. 그래서 사람들은 똑같은 돈으로 더 적은 양의 물건을 살 수 있게 되죠. 이로 인해 생활이 힘들어질 수 있고, 특히 저소득층이나 고정된 소득을 가진 사람들에게 더 큰 어려움이 생길 수 있어요.

✓ 물가가 올라 발생하는 문제를 나라는 어떻게 해결하나요?

첫째, 나라에서는 물건이 부족하지 않도록 많이 만들어서 물건 값이 너무 오르는 것을 막아요. 둘째, 나라의 은행이 돈의 양을 조절해서 물건을 사는 데 도움이 되도록 해요. 셋째, 어려운 사람들을 도와주는 프로그램을 운영해서 생활이 힘들지 않도록 지원해요.

실생활 개념어 활용 문장　요즘 **물가**가 많이 올라 생활이 좀 더 힘들어졌어.

나만의 말로 표현해보기

경제
35

세금

稅 거둘 세 金 쇠 금 돈을 거둠

상위어 경제활동　**비교 단어** 관세

교과서에서는? 세금은 우리 생활에 필요한 도로, 학교, 병원 등을 만드는 데 사용됩니다.

내가 읽은 횟수

나라 살림을 하기 위해 국민이 나라에 번 돈의 일부를 내는 것을 **세금**이라고 해요.

? 궁금해요

✓ 세금은 꼭 내야 하나요?

우리가 살아가려면 돈이 필요한 것처럼 나라 살림을 하기 위해서도 많은 돈이 필요해요. 세금을 납부하는 것은 국민의 의무예요.

✓ 어린이도 세금을 내나요?

물건을 사거나 서비스를 이용할 때 그것의 가격에는 부가가치세 물건이나 서비스를 만드는 과정에서 새로 덧붙인 가치에 대한 세금 라는 이름의 세금이 포함되어 있어요. 어린이도 물건을 사고 서비스를 이용하며 세금을 내는 거예요.

✓ 세금은 어디에 쓰이나요?

세금은 국민 혼자의 힘으로 해결할 수 없는 국방, 치안 질서, 교육 시설, 경제 개발과 같은 나라를 잘 돌아가게 하고 국민들의 생활을 돕는 데 사용해요. 학교를 짓거나 길을 고치는 등 국민 모두를 위한 다양한 서비스를 제공해 국민들이 안전하고 편리하게 살 수 있도록 도와줘요.

✓ 세금의 종류에는 무엇이 있나요?

세금에는 직접세와 간접세가 있어요. 직접세는 사람들이 나라에 직접 내는 세금으로, 소득세·법인세·재산세가 있어요. 간접세는 물건을 살 때 부가가치세나 이동할 때 통행세처럼 간접적으로 내는 세금이에요.

직접세			간접세
소득세	법인세	재산세	부가가치세
일을 하고 번 돈에 따라 세금을 내요.	회사가 낸 이익에 따라 세금을 내요.	재산에 따라 세금을 내요.	물건을 살 때 세금을 내요.

✔ 세금의 종류에는 무엇이 있나요?

우리가 내는 세금은 두 가지로 나뉘어요. 국세는 나라 전체를 위해 내는 세금이고, 지방세는 우리 지역의 일을 위해 내는 세금이에요. 예를 들어 국세는 나라의 큰일을 진행하는 데 사용되고, 지방세는 우리 동네의 도로를 고치거나 공원을 만드는 데 사용돼요.

<우리나라 세금의 종류>

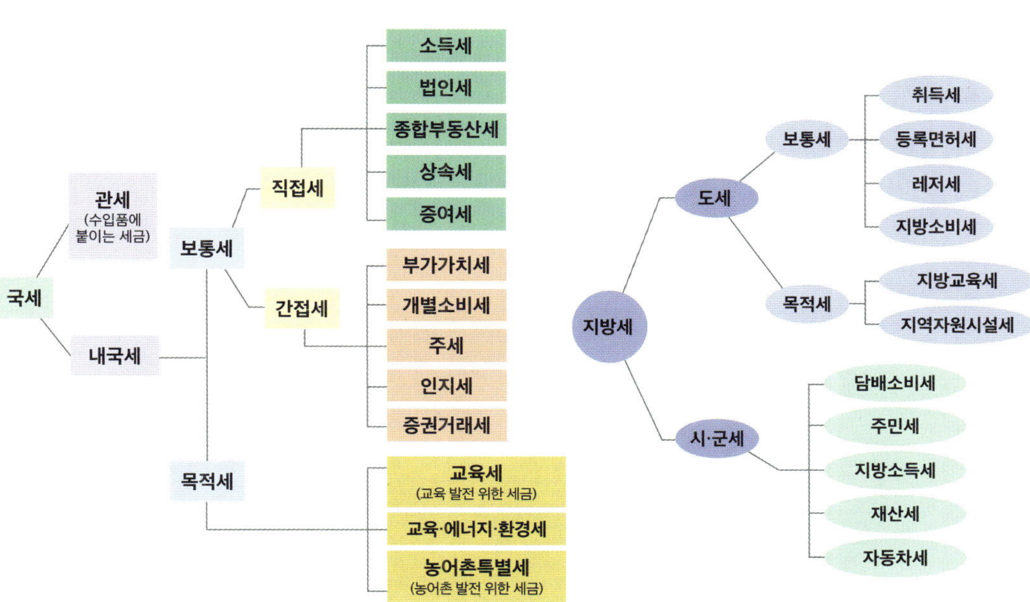

✔ 모든 물건에는 세금이 포함되어 있나요?

대부분의 물건이나 서비스에는 세금이 포함되어 있어요. 하지만 일부 물건이나 서비스, 특히 기본적인 것들은 세금이 붙지 않아요. 예를 들어 버스나 지하철 같은 대중교통 요금, 쌀·과일·쇠고기·돼지고기·수산물·흰 우유 같은 기본적인 식품은 세금이 없답니다.

✔ 우리가 낸 세금이 잘 쓰이는지 누가 살펴보나요?

1년 동안 나라의 돈이 잘 쓰였는지 확인하는 곳이 있어요. 이곳을 감사원이라고 해요. 감사원은 정부 기관이 세금을 어떻게 썼는지, 돈이나 물건을 낭비하지 않았는지 살펴보고, 공무원들이 일을 제대로 하고 있는지도 확인해요.

실생활 개념어 활용 문장	우리가 산 책가방에는 세금이 포함돼 있어.
나만의 말로 표현해보기	

관세

내가 읽은 횟수

상위어 경제활동, 수입, 수출, 무역   **비교 단어** 세금

교과서에서는? 관세는 수입품에 부과되어 수출품의 경쟁력을 높이는 데 기여합니다.

물건을 살 때 우리가 내는 세금처럼 다른 나라에서 물건을 살 때도 세금을 내요. 이렇게 다른 나라에서 물건을 가져올 때 내는 세금을 **관세**라고 해요. 물건이 한 나라의 국경을 통과할 때 내는 세금이죠.

? 궁금해요

✓ **수입품에 관세를 붙이는 이유는 무엇인가요?**

우리나라에서 만든 물건(국산품)과 다른 나라에서 만든 물건(수입품)이 경쟁할 때 국산품을 보호할 수 있어요. 관세가 붙으면 수입품의 가격이 비싸지기 때문이에요. 이렇게 수입품에 관세를 붙이는 이유는 가격 비교를 통해 국산품을 보호하기 위해서예요.

✓ **관세의 종류에는 무엇이 있나요?**

수입 관세는 외국에서 온 물건에 붙는 세금이고, 수출 관세는 우리나라에서 나가는 물건에 붙는 세금이에요. 또 통관세는 물건이 나라에 들어오거나 나갈 때 내는 비용이에요.

✓ **관세를 담당하는 곳은 어디인가요?**

관세청은 수출입 물품을 관리하고 수입 물품에 대한 관세를 매기고 걷는 일을 해요.

실생활 개념어 활용 문장 우리 가족이 해외에서 물건을 사 오면 **관세**를 내야 해.

나만의 말로 표현해보기

자유 무역 협정(FTA)

내가 읽은 횟수 ☐☐☐

상위어 경제활동, 국제기구, 관세   **비교 단어** 세계 무역 기구, 국제 통화 기금

교과서에서는? 자유 무역 협정을 맺으면서 다른 나라의 다양한 물건을 수입할 수 있습니다.

국가 간의 자유로운 무역을 위해 맺은 국제적 약속을 **자유 무역 협정** Free Trade Agreement 이라고 해요. 이 협정을 맺은 국가들은 서로 관세를 낮춰 주거나 해서 벽을 허물고 한 나라처럼 자유롭게 거래해요.

? 궁금해요

✔ FTA는 무엇인가요?

FTA는 나라들 사이에서 물건이나 서비스를 쉽게 사고팔 수 있도록 하는 약속이에요. 이 약속 덕분에 세금을 낮추거나 없애서 가격을 더 저렴하게 만들 수 있어요. 그래서 서로 다른 나라의 물건을 더 쉽게 사고팔 수 있게 돼요.

✔ FTA는 다른 나라와의 무역을 어떻게 도와줄 수 있나요?

FTA는 나라들끼리 물건을 쉽게 사고팔 수 있게 도와줘요. 예를 들어 FTA가 있으면 다른 나라에서 만든 장난감이 더 싸게 들어오고, 우리나라에서 만든 장난감도 다른 나라에 더 쉽게 팔 수 있어요. 이렇게 되면 물건을 사고파는 것이 더 쉬워지고, 가격도 더 저렴해질 수 있어요.

✔ FTA는 어떤 점이 좋고, 어떤 점이 나쁠까요?

자유 무역을 하면 외국에서 물건을 싸게 살 수 있고 새로운 기술도 배울 수 있어 무역이 더 활발해져요. 하지만 우리나라의 농축산 산업처럼 경쟁에서 약한 산업은 가격이 낮아서 어려움을 겪을 수도 있어요.

실생활 개념어 활용 문장   **자유 무역 협정**으로 두 나라 간에 세금 없이 더 많은 상품을 주고받을 수 있어.

나만의 말로 표현해보기

노동

勞 일할 노 動 움직일 동 움직여 일함

상위어 경제활동, 생산 **하위어** 직업

교과서에서는? 사람들이 직장에서 열심히 일하면서 돈을 버는 것도 노동입니다.

살아가는 데 필요한 것을 얻기 위해 일하는 것을 **노동**이라고 해요.

❓ 궁금해요

✔ 노동을 통해 무엇을 얻을 수 있나요?

노동을 하고 번 돈으로 살아가는 데 필요한 것들을 얻기도 해요. 또 일을 통해 기쁨과 성취감, 보람을 얻을 수 있답니다.

✔ 노동의 종류는 어떻게 나뉘나요?

노동은 육체노동과 정신노동으로 나눌 수 있어요. 육체노동은 몸을 많이 사용하는 일, 농부가 밭에서 농작물을 기르거나 건설 노동자가 무거운 자재를 나르는 일을 의미해요. 정신노동은 머리를 사용해서 생각하거나 창의적인 일을 하는 것을 말하는데, 작가가 상상력을 발휘하여 이야기를 쓰는 것과 관련 있어요.

✔ 집안일도 노동인가요?

가정에서는 청소, 요리, 자녀를 돌보는 것과 같은 집안일이 있어요. 이처럼 가족들이 건강하게 생활할 수 있도록 가정 안에서 돕는 모든 활동을 가사노동이라고 해요.

실생활 개념어 활용 문장	아빠가 회사에서 열심히 일하는 것도, 엄마가 집안일을 하는 것도 **노동**이라고 해.
나만의 말로 표현해보기	

직업

내가 읽은 횟수

상위어 경제활동, 생산, 노동   **비교 단어** 실업

교과서에서는? 직업은 사람들의 생계를 위해 필요한 일을 하며 돈을 버는 활동을 말합니다.

돈을 벌기 위해 일정한 기간 동안 계속 하는 일을 **직업**이라고 해요.

❓ 궁금해요

✓ 일과 직업의 차이점은 무엇인가요?

일이 직업이 되기 위해서는 반드시 돈을 받아 소득이 있어야 해요. 그리고 잠깐 하는 일은 직업이 될 수 없어요. 또한 직업은 사회가 생각하는 바람직한 일이어야 해요.

✓ 직업을 고를 때 생각해 볼 점은 무엇인가요?

직업을 통해 얻을 수 있는 돈, 내가 잘할 수 있는 것과 좋아하는 것을 잘 생각해서 골라야 해요.

✓ 사라진 직업도 있나요?

직업은 시대에 따라 없어지기도 하고 새로 생겨나기도 해요. 예를 들어 1970년대에는 버스 출입문을 열고 닫으며 버스비를 받던 버스 안내원이 있었어요. 하지만 1980년대 내릴 때 누르는 벨과 자동문이 들어오면서 버스 안내원은 사라진 직업이 되었답니다.

✓ 미래의 직업 세계는 무엇이 중요할까요?

첨단 과학 기술의 발전과 노인 인구의 증가로 노인을 위한 산업과 직업이 중요해질 거예요. 또 안전한 먹거리와 건강한 삶을 유지하는 일, 환경 문제를 조정하고 해결하는 일이 미래 사회에 중요한 일이 될 거예요.

실생활 개념어 활용 문장	선생님은 우리를 가르치는 **직업**을 가지고 있어.
나만의 말로 표현해보기	

경제 40

실업 失 잃을 실 業 업 업 직업을 잃음

상위어 경제활동, 생산, 노동　**비교 단어** 직업

교과서에서는? 실업 문제를 해결하기 위한 노력을 알아봅니다.

일할 기회를 못 얻거나 일자리를 잃는 것을 **실업**이라고 해요.

? 궁금해요

✓ **실업이 개인이나 사회에 미치는 영향에는 무엇이 있나요?**

실업은 개인적으로는 소득의 감소로 소비 생활을 어렵게 하고 자아실현 자신이 하고 싶었던 일을 실제로 이루어 보람과 만족을 얻는 것의 기회를 빼앗아요. 또 사회적으로는 인력이 낭비되고 경제 성장이 낮아지며 빈부 격차 심화에 따른 사회적 불안이 커질 수 있어요.

✓ **정부는 실업 문제 해결을 위해 어떤 노력을 하고 있나요?**

일자리를 찾는 사람들과 기업을 연결해 주는 행사도 열어요. 또 일할 능력을 키울 수 있도록 직업 훈련을 돕기도 한답니다. 정부가 직접 일자리를 만들고 일할 기회를 주기도 해요.

직업박람회

직업 훈련 지원

✓ **실업자를 위한 경제적 지원에는 무엇이 있나요?**

일자리를 잃은 사람을 실업자라고 해요. 이들에게 생활에 필요한 돈을 지원해 주는 제도가 실업 급여예요. 나라에서는 실업 급여를 통해 실업자를 경제적으로 지원하는 거예요.

✓ **경제활동 인구란 무엇인가요?**

경제활동 인구는 일을 하고 있거나 일을 찾고 있는 사람들을 말해요. 예를 들어 학교에 가는 학생들 외에 실제로 일을 하고 있거나 일을 하려는 어른들이 경제활동 인구에 포함돼요. 그래서 우리 주변에서 일하는 사람들, 가게에서 일하는 사람들, 또는 새로운 일을 찾는 사람들이 경제활동 인구예요.

실생활 개념어 활용 문장　아빠가 가게를 그만두고 새로운 일자리를 찾지 못하면 **실업** 상태가 되는 거야.

나만의 말로 표현해보기

경제 **41**

국제 통화 기금(IMF)

내가 읽은 횟수

상위어 경제활동, 국제기구　**비교 단어** 자유 무역 협정, 세계 무역 기구
교과서에서는? 국제 통화 기금(IMF)은 세계 경제의 안정을 위해 각국에 금융 지원과 정책 조언을 제공합니다.

세계 경제가 안정적으로 계속되게 돕는 국제기구를 **국제 통화 기금** International Monetary Fund 이라고 해요.

? 궁금해요

✓ **IMF는 언제 만들어졌나요?**
1945년에 만들어져 1947년부터 업무를 시작했어요. 미국 워싱턴 D.C.에 국제 통화 기금 본부가 있답니다.

✓ **IMF에 들어가 있는 나라는 몇 개국인가요?**
2024년 기준, IMF에 가입한 나라는 총 190개국이랍니다. 우리나라는 1955년에 가입했어요.

✓ **IMF가 하는 중요한 일은 무엇인가요?**
세계 경제의 흐름을 살펴보고 각 나라의 경제 발전을 도와줘요. 경제 발전을 위한 규칙도 만들고, 여러 나라가 함께 돈을 모아서 만약 어떤 나라가 돈이 부족하면 이 기금 사람들이 특별한 목적을 위해 쓰려고 모아서 만든 돈 에서 돈을 빌려주고 나중에 갚도록 하는 방식으로 도와주죠.

✓ **우리나라도 IMF와 관계가 있나요?**
1997년, 우리나라는 심각한 경제 위기를 맞아 IMF에서 긴급하게 도움을 받았어요. 돈을 빌린 거죠. 우리나라는 빌린 돈을 갚을 때까지 IMF의 관리를 받았답니다. 이때 온국민 금 모으기 운동을 통해 함께 돈을 갚기 위해 노력했고, 4년 만에 빌린 돈을 모두 갚았어요.

실생활 개념어 활용 문장　국제 통화 기금은 전 세계 나라들의 경제를 살펴보고 각 나라의 경제 상황을 알려 줘.

나만의 말로 표현해보기

경제 협력 개발 기구(OECD)

상위어 경제활동, 국제기구 **비교 단어** 세계 무역 기구, 자유 무역 협정 **교과서에서는?** 경제 협력 개발 기구(OECD)는 세계 여러 나라가 경제와 사회 문제를 함께 논의하고 해결하기 위해 만든 국제기구입니다.

경제, 사회, 환경 문제에 대하여 서로 함께 도와주고 연구하는 국제기구를 **경제 협력 개발 기구**Organization for Economic Cooperation and Development라고 해요.

? 궁금해요

✓ OECD는 언제 만들어졌나요?

경제 성장과 개발 도상국선진국보다는 경제 개발이 뒤떨어지는 나라 원조돈이나 물건으로 도와줌, 무역 확대를 목적으로 1961년에 만들어졌어요. 프랑스 파리에 OECD 본부가 있답니다.

✓ OECD에 들어가 있는 나라는 몇 개국인가요?

2024년 기준, OECD 회원국은 38개 나라에요. 우리나라는 1996년에 29번째로 들어갔어요. 회원국의 대부분은 경제 수준이 높고 발전한 나라들이에요.

✓ OECD가 하는 중요한 일은 무엇인가요?

OECD는 경제뿐 아니라 사회, 환경 문제에 대한 연구를 진행하고 정책을 만들어요. 또한 여러 자료를 모아 내용을 알아보면서 세계 경제를 이해하는 데 도움을 준답니다.

실생활 개념어 활용 문장	세계 여러 나라는 경제 협력 개발 기구에 가입해 경제 발전을 위해 노력하고 있어.
나만의 말로 표현해 보기	

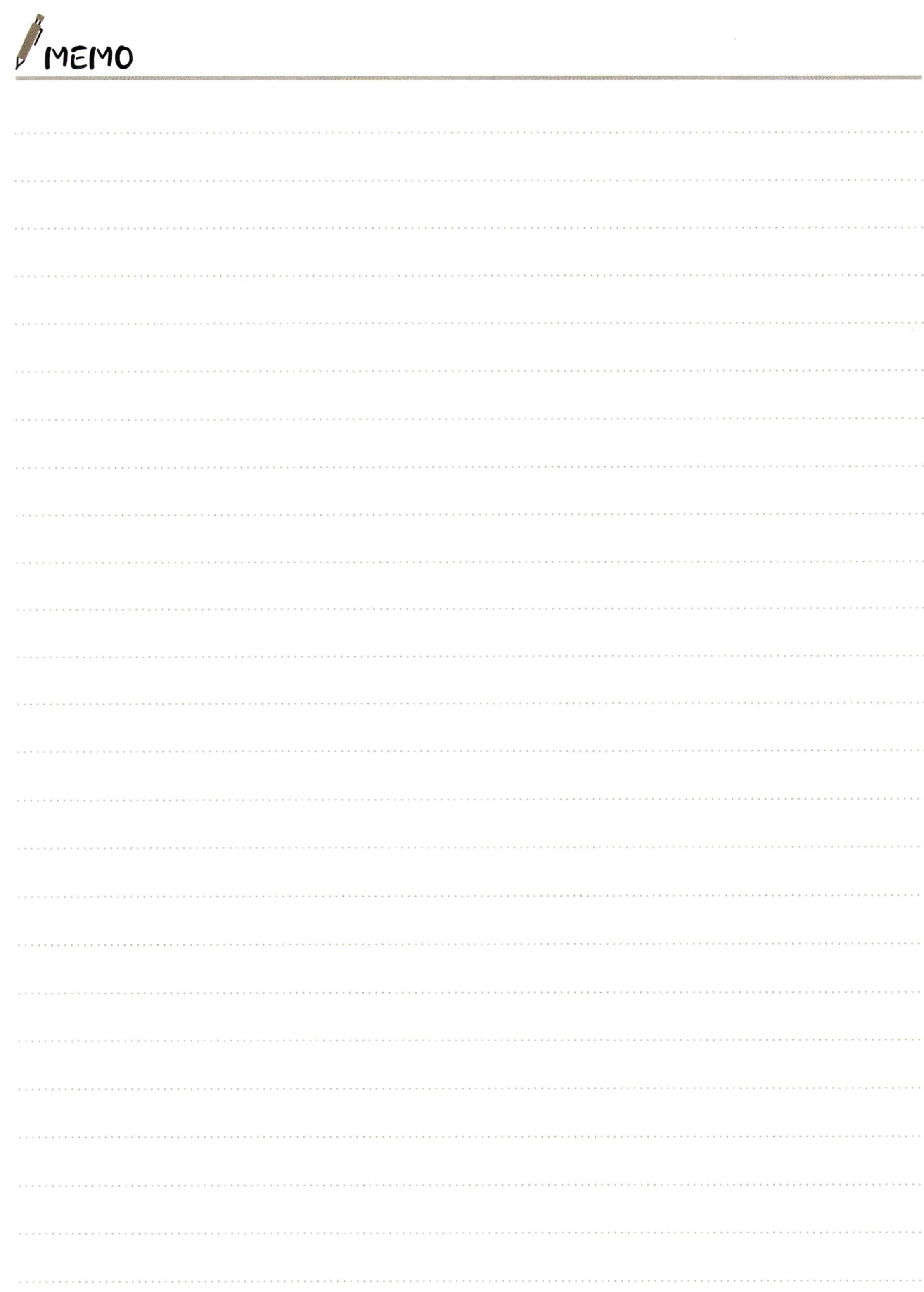

MEMO

★ 사진, 자료 출처

책에 수록된 사진은 셔터스톡과 위키피디아 퍼블릭 도메인 위주로 게재하였습니다. 이 외 공공누리 제1유형 사진과 그래프 등의 자료 출처는 다음과 같습니다.

33p. (출처: KOSIS 통계놀이터, https://kosis.kr/edu/visualStats/detail.do?menuId=M_05&ixId=12)

34p. (출처: KOSIS 통계놀이터, https://kosis.kr/visual/eRegionJipyo/themaJipyo/eRegionJipyoThemaJipyoView.do)

37p. (출처: 도로교통부, https://www.molit.go.kr/USR/NEWS/m_71/dtl.jsp?lcmspage=1&id=95083285)

41p. (출처: 기상청, https://data.kma.go.kr/normals/anal4.do)

42p. (출처: 기상청 날씨누리 누리집, https://www.weather.go.kr/w/index.do)

44p. (출처: 대한민국 국가자료집 청소년판(2022), http://nationalatlas.ngii.go.kr/pages/page_3185.php)

64p. (출처: 중앙선거관리위원회, https://www.nec.go.kr/site/nec/05/10504010100002020041103.jsp)

68p. (출처: KOSIS 통계놀이터, https://kosis.kr/edu/visualStats/detail.do?menuId=M_05&ixId=101)

73p. 국회·행정부·법원 CI

(출처: 대한민국 국회, https://www.assembly.go.kr/portal/main/contents.do?menuNo=600120)

(출처: 행정안전부, https://www.mois.go.kr/frt/sub/a07/miBanner/screen.do)

(출처: 대한민국 법원, https://www.scourt.go.kr/judiciary/organization/ci/index.html)

82p. (출처: 국가인권위원회, https://www.humanrights.go.kr/base/contents/view?contentsNo=6&menuLevel=3&menuNo=101)

93p. (출처: KOSIS 통계놀이터, https://kosis.kr/edu/visualStats/detail.do?menuId=M_05&ixId=522)

98p. (출처: 유엔 난민 기구, https://www.unhcr.org/)

123p. 너와집, 귀틀집

(출처: 한국학중앙연구원, https://encykorea.aks.ac.kr/Article/E0012605)

(출처: 한국학중앙연구원, https://encykorea.aks.ac.kr/Article/E0007243)

141p. (출처: KOSIS 통계놀이터, https://kosis.kr/edu/visualStats/detail.do) → '초등학생의 평일 여가시간' 검색

142p. (출처: KOSIS 통계놀이터, https://kosis.kr/edu/visualStats/detail.do?menuId=M_05&ixId=561)

180p. (출처: KOSIS 통계놀이터, https://kosis.kr/edu/share.do?shareID=S0500_786)

181p. (출처: KOSIS 통계놀이터, https://kosis.kr/edu/share.do?shareID=S0500_241)

182p. (출처: KOSIS 통계놀이터, https://kosis.kr/edu/share.do?shareID=S0500_921)

184p. (출처: Bjerkebanen, CC BY-SA 4.0 https://commons.wikimedia.org/wiki/File:Fair-Banana.jpg)

188p. (출처: 한국조폐공사, https://www.komsco.com/kor/contents/12)

MEMO

MEMO